Luke Perry

Randi Reisfeld

LUKE PERRY

Star aus „Beverly Hills, 90210"

Unautorisierte Biographie

Aus dem Amerikanischen
von Tilman Lang

Erstveröffentlichung bei: Bantam Books, a division of Bantam Doubleday
Dell Publishing Group, Inc., New York.
Titel der amerikanischen Originalausgabe: Loving Luke. The
Unauthorized Luke Perry Story in Facts and Photos.
Copyright © 1991 by Randi Reisfeld

Die Deutsche Bibliothek — CIP-Einheitsaufnahme

Reisfeld, Randi:
Luke Perry : Star aus "Beverly Hills, 90210" ; unautorisierte
Biographie / Randi Reisfeld. Aus dem Amerikan. von Tilman
Lang. — 1. Aufl. — Köln : vgs, 1993
Einheitssacht.: Loving Luke <dt.>
ISBN 3-8025-2276-1

1. Auflage
Copyright © der deutschen Ausgabe:
vgs verlagsgesellschaft, Köln 1993
Lektorat: Georg Wieghaus, Köln, im Auftrag der vgs
Endredaktion: Christina Deniz
Umschlaggestaltung: Papen Werbeagentur, Köln
Titelfoto: Inter Topics, Hamburg
Satz: ICS Communications-Service GmbH, Bergisch Gladbach
Druck: Mohndruck, Gütersloh
Printed in Germany
ISBN 3-8025-2276-1

Dieses Buch ist allen Jugendlichen gewidmet, die
BEVERLY HILLS, 90210 zu ihrer Lieblingsserie und
Luke Perry zu ihrem Lieblingsschauspieler
gemacht haben.

Die Autorin möchte an dieser Stelle den folgenden
Personen ihren Dank aussprechen: Beverly
Horowitz, Betsy Gould, Lauren Field, Stacey
Woolf, Diana Ajjan, Alison Clarick, Irene S. Krause,
Carol vom Mansfield News-Journal sowie den
wunderbaren Menschen aus Fredericktown/Ohio.

In Liebe und Dankbarkeit für
Marvin, Scott und Stefanie.

Inhalt

Vorbemerkung

Es war im Oktober 1990, als beim amerikanischen Sender Fox-TV eine speziell auf das Teenagerpublikum zugeschnittene Fernsehserie des Produzenten Aaron Spelling anlief. Der Titel: BEVERLY HILLS, 90210. Unvorstellbarer Reichtum und Konsum im Dunstkreis der Millionenstadt Los Angeles und der Traumfabrik Hollywood bilden den Hintergrund für die Geschichte der acht miteinander befreundeten Highschool-Kids. Auf den ersten Blick scheint es, als hätten diese Teens das große Los gezogen: ganzjähriges Urlaubs-Ambiente, teure Autos, Designer-Outfits, Kreditkarten mit nahezu unbegrenzter Deckung; ein Leben also, das scheinbar zwangsläufig und ohne Anstrengung auf die gesellschaftliche Überholspur führt. Und dennoch leben die meisten dieser privilegierten Kids, wie man Woche für Woche erfahren kann, alles andere als sorgenfrei. Viele von ihnen kommen aus zerrütteten Familien. Ihnen fehlen elterliche Zuneigung, Liebe und Unterstützung. Und oft sind es gerade die nach außen hin coolsten, die mit den größten Problemen und tiefsten Verunsicherungen zurechtkommen müssen. Die Symptome: Alkoholmiß-

brauch, Selbstmordgefährdung, gestörtes Sexual-
verhalten, Drogenkonsum.

Schnell wurde klar, daß BEVERLY HILLS, 90210
für die jugendlichen Fernsehzuschauer in den USA
eine der ersten Serien mit ausgesprochen realisti-
schem Konzept war. Das betraf weniger die
Kulisse, das Ambiente und den Lebensstil, sondern vielmehr die Themen und die Probleme, die
sich eben nicht, nach altbekanntem Muster
hübsch und übersichtlich verpackt, am Ende der
45 Minuten Sendezeit in Wohlgefallen auflösten.
Nein, die Serie traf den Nerv einer ganzen Generation von Jugendlichen.

Nur wenige Monate nach dem Pilotfilm „Hollywood Highschool" war BEVERLY HILLS, 90210
bereits zu einer der beliebtesten Fernsehserien
aufgestiegen. Und das nicht nur in den USA, sondern weltweit. In den Fluren und Klassenräumen
der Schulen, an den Bushaltestellen und auf den
Sportplätzen gab es von nun an jeden Freitagmor-
gen nur noch ein Thema: Was hatte sich am
Vorabend zwischen den Freunden aus BEVERLY
HILLS, 90210 ereignet; was gab es Neues von
Brandon, Brenda, Dylan, Kelly und den anderen?

Auch wenn die behandelten Themen ungewöhnlich anspruchsvoll waren, galt das Interesse
der Öffentlichkeit zunächst vor allem der jungen,
talentierten Besetzung.

Die Schauspieler — inzwischen allesamt Stars
der Szene —, erwiesen sich durch die Bank als

junge, attraktive und clevere Showbiz-Talente. Die Mädchen, gespielt von Shannen Doherty, Jennie Garth, Gabrielle Carteris und Tori Spelling, stellen jede für sich ausgesprochen interessante, ja aufregende Persönlichkeiten dar. Die Jungs, verkörpert durch Jason Priestley, Ian Ziering und Brian Green, sind fast schon ein wenig zu cool.

Nun gibt es bei jeder Besetzung immer einen Star, der ein wenig heller leuchtet als die anderen, der sich durch ein besonders eigenwilliges Charisma von den anderen abhebt. Und es wird immer dieser Schauspieler sein, der von allen am weitesten oben auf der Popularitätsskala rangiert.

Bei BEVERLY HILLS, 90210 ist dieser Schauspieler Luke Perry. Seine Darstellung des Dylan McKay, des Rebellen mit der harten Schale und dem so verletzlichen, weichen Kern, hat die Herzen der 90210-Fans im Sturm erobert und ihre Phantasie beflügelt. Für die Generation der Eltern verkörpert ein Typ wie Dylan immer den „bad boy", der nur Schwierigkeiten macht. Die Mädchen jedoch haben Verständnis für diesen sensiblen Einzelgänger, wollen seine Seele trösten, seinen Schmerz lindern.

Den sehr komplexen Charakter des Dylan McKay nicht kitschig, sondern mit der richtigen Mischung aus Sensibilität und erotischer Ausstrahlung glaubhaft zu verkörpern, ist eine schauspielerische Aufgabe, die Luke Perry auf bewundernswerte Weise gelöst hat. Woche für Woche legt er eine neue Schicht von Dylan McKays komplizierter Psyche frei, zieht die Zuschauer mehr und mehr in den Bann dieser ungewöhnlichen Persönlichkeit. Was ihm binnen kürzester Zeit zu einer ungeahnten Popularität verholfen und ihn beinahe zum Superstar gemacht hat.

Dabei scheint der junge Darsteller geradezu aus dem Nichts gekommen zu sein. Wenn man einmal von Tori Spelling absieht, hatte Luke von allen Schauspielern der BEVERLY HILLS, 90210-Besetzung die geringste Reputation, war am wenigsten bekannt und konnte dementsprechend wenig Kamera-Erfahrung vorweisen. Und wie viele andere vor ihm, hat auch Luke sein Lehrgeld bezahlt. Er hat hart an seinen schauspielerischen Qualitäten gearbeitet, Widerstände überwunden und schlecht bezahlte Jobs angenommen, um sich zu finanzieren. Seine Kontakte zum Showbusiness waren anfänglich von Ablehnung und Zurückweisung gekennzeichnet, bis er sich schließlich den Erfolg erkämpft hat, den er jetzt genießt.

Luke Perry ist nicht Dylan McKay, aber seine Geschichte ist nicht weniger faszinierend.

1

Kindheit und Familie

Luke Perry kam am 11. Oktober 1966 in Mansfield, Ohio, als zweites Kind von Coy Luther Perry und seiner Frau Anne zur Welt.

Lukes Bruder Tom ist nur knapp ein Jahr älter, doch daß die beiden Brüder sind, sieht man ihnen kaum an. Tom war immer größer, kräftiger und viel athletischer als der kleine Luke. Aber auch seine jüngere Schwester Amy, die 1970 geboren wurde, ähnelt ihrem berühmten Bruder äußerlich kaum.

Tragischerweise starb Coy Luther Perry, als Amy noch ein Baby war und bevor Luke das Schulalter erreicht hatte. Kurz nach dem Tod des Vaters zog die Familie von Mansfield in das nahegelegene Madison und von dort schließlich nach Lexington. Jedesmal war damit für Luke auch ein Schulwechsel verbunden.

Im Jahr 1976 verliebte sich Lukes Mutter noch einmal und heiratete Steve Bennett. Ein weiteres Mal packte die Familie ihre Koffer und zog nach Fredericktown. Luke war inzwischen neun Jahre alt, und noch im gleichen Jahr kam seine zweite Schwester, Emily Bennett, zur Welt.

Lukes Stiefvater, Steve Bennett, arbeitet als

Konstrukteur bei der Baufirma „Kokosing Construction Company", dem größten Unternehmen der Gegend.

Tatsächlich ist Luke der erste und auch der einzige seiner Familie, der ins Showgeschäft eingestiegen ist und dort auch noch Karriere gemacht hat. Anne Bennett ist mit Leib und Seele Hausfrau und Mutter ihrer vier Kinder. Lukes älterer Bruder Tom ging zur Army und lebt heute in Chicago. Amy wohnt immer noch in Fredericktown, genau wie Emily, die inzwischen bereits ihr zweites Jahr auf der Highschool absolviert hat. Darauf angesprochen, daß die Schauspielerei ja nun wahrlich nicht in der Familientradition liegt, antwortet Luke schmunzelnd, wenn auch mit einem leicht ironischen Unterton: „Meine ganze Familie schauspielert doch. Wenn ich zum Beispiel nach Hause komme, tun alle immer so, als ob sie froh wären, mich zu sehen."

Immer wieder ist erzählt worden, daß Luke auf einer Farm groß geworden sei. Doch das ist nur ein Gerücht. Tatsächlich ist er lediglich in einer Gegend aufgewachsen, in der vorwiegend Landwirtschaft betrieben wird. Eine eigene Farm hatte die Familie nie. Sie bewohnte bis vor kurzem ein kleines Haus im sogenannten Knox-Lake-Bezirk am Rande von Fredericktown, das in dem für die Gegend typischen Ranch-Stil erbaut wurde. Und wenn man aus den Fenstern der Bennetts sah, blickte man auf unendliche Kornfelder und Weideflächen. In der Auffahrt vor der Garage, die an das Wohnhaus grenzt, stand stets ein kleiner, blauer Pick-up. Ein sauber gestrichener Holzzaun begrenzte den hinteren Garten, in dem es zuletzt sogar einen kleinen Pool gab, der von bequemen Gartenstühlen eingerahmt wurde.

Das Haus war vergleichsweise modern, stand aber weder in einer besonders wohlhabenden noch in einer sonderlich armen Gegend der Stadt — es war eben richtig durchschnittlich.

Als kleiner Knirps war Luke sehr blond. Mit zunehmendem Alter dunkelte sein Haar jedoch nach, und als Luke in die Highschool kam, war es eher mittelbraun.

Das Thema Kindheit ist für Luke mit vielen schönen Erinnerungen verbunden. Zu den frühesten gehört für ihn die Zeit, die er mit seinen Großeltern väterlicherseits in Mansfield verbrachte. „Frühstücken auf Großvaters Schoß, es gab einfach nichts Schöneres für mich."

Als Kind muß Luke eine ungewöhnliche Mischung aus einem waghalsigen Teufelchen und einem ausgesprochen verträumten Jungen gewesen sein. Er sah mit Begeisterung fern, „den Frühfilm, den Nachmittagsfilm und möglichst auch noch den Spätfilm", erzählt er. Eine seiner Lieblingsserien war „The Love Boat", produziert von keinem geringeren als Aaron Spelling. Allerdings war der kleine Luke auch ein großer Fan von „Starsky and Hutch" und „S.W.A.T.".

Auch viele der großen Sportereignisse fesselten ihn an den Bildschirm. Er war außerdem ein begeisterter Anhänger der Clubs aus dem nahegelegenen Cleveland: der „Indians" im Baseball, der „Browns" im Football und der „Cleveland Cavaliers" im Basketball. Auch für den College Sport seines Staates Ohio konnte er sich begeistern.

Nun sollte man aber nicht glauben, daß Luke den größten Teil seiner Kindheit auf der Wohnzimmer-Couch zugebracht hätte. Er war, wie seine Mutter sagt, ein enorm unternehmungslustiger Bursche. „Ich glaube, wir mußten mit ihm mindestens ein dutzendmal zum Arzt, um irgendwelche Wunden nähen zu lassen." Ausnahmsweise war es jedoch kein jugendlicher Unfug, dem Luke die markante Narbe an seiner rechten Augenbraue verdankt, sondern das Ergebnis einer Kollision mit dem Getränkeautomaten in einem Bowlingcenter.

Der Gipfel kindlichen Leichtsinns, an den sich Lukes Mutter noch immer mit Schrecken erinnert, war ein Flugversuch mit einem improvisierten Fallschirm: „Luke schnappte sich ein Bettlaken sowie eine Handvoll meiner Strumpfhalter und machte sich damit auf den Weg in den zweiten Stock, um von dort abzuspringen." Es grenzt an ein Wunder, daß der Flug nicht direkt in der Notaufnahme des nächsten Krankenhauses endete. Am Boden angekommen, marschierte der experimentierfreudige Knirps fröhlich davon, ohne auch nur einen Kratzer abbekommen zu haben.

Dafür erwischte den kleinen Luke eine der bös-
artigsten Kinderkrankheiten überhaupt, eine Hirn-
hautentzündung. Fast zwei Monate war er ans
Bett gefesselt, bis er wieder ganz hergestellt war.

Luke beschreibt sich selbst als einen richtigen
kleinen Strolch, „der quasi in seinen Jeans wohnte
und mit seiner Zwille auf alles schoß, was sich
bewegte". Auch seine Mutter hat ihren Sohn als
einen immer irgendwie verschmuddelten kleinen
Lausebengel in Erinnerung. Regelmäßig fand die
Geplagte angeknabbertes Gemüse, das er von seinen täglichen Streifzügen mitgebracht hatte, nach
Tagen unter seinem Bett.

Luke hat bis heute eine sehr enge Beziehung zu
seiner Mutter. „Sie hat immer den größten Einfluß
auf mich gehabt und dafür gesorgt, daß ich immer
hübsch mit den Füßen auf dem Teppich geblieben
bin."

Das Verhältnis zu seinem Stiefvater war dagegen zumindest zeitweise ziemlich schwierig.
Einem Journalisten hat Luke einmal erzählt: „Auch
in meinem eigenen Leben war die Beziehung zu
meinem Dad immer sehr gezwungen und ange-
spannt." Ob und inwieweit die Schwierigkeiten
zwischen Vater und Sohn inzwischen behoben
sind, wer weiß. Sicher ist jedenfalls, daß Luke vor
der Kamera auf diese Erfahrungen zurückgreift.
„Es gibt viele persönliche Erlebnisse, auf die man
sich beziehen kann und muß. Gerade als Schauspieler kann man vor seiner eigenen Geschichte

nicht weglaufen, weil man sie in Teilen doch immer wieder nachspielt. Ich finde das übrigens nicht ganz ungefährlich." Luke hat nie genauer erzählt, worum es bei den Auseinandersetzungen mit seinem Vater wirklich ging. Bislang hat er mit Erfolg jeden Einblick in sein Familienleben und diesen Bereich seiner Privatsphäre verweigert.

Wahrscheinlich spielt Luke auf andere Konflikte und Schwierigkeiten während seiner Kindheit an, wenn er heute sagt: „Ich liebe meine Familie. Sie hat sich mir gegenüber immer sehr tolerant und fair verhalten, obwohl es bestimmt kein Spaziergang war, mich großzuziehen. Ich war weder ein pflegeleichter noch ein besonders heiterer und friedliebender Zeitgenosse."

Auch wenn seine Kommentare über die eigene Kindheit das kaum glauben lassen, hatte Luke damals doch eine Menge Freunde. Da es in der Nähe des Elternhauses einen kleinen See gab, verbrachten Luke und seine kleinen Kumpel ganze Tage damit, endlich den ganz großen Fisch zu angeln. Oder sie tobten sich im Schwimmbecken seines Freundes Dave Stewart aus, denn zu dieser Zeit besaß die Familie Bennett noch keinen eigenen Pool.

In späteren Jahren genoß Luke Perry im Sommer vor allem die Teilnahme am Baseball-Sommercamp im nahegelegenen Kenyon College, oder er fuhr Fahrrad — inzwischen hat er natürlich ein Mountain-Bike. In Fredericktown gab es sogar eine eigene Radiostation, die Luke mit klassischem Rock in die Welt der Musik einführte.

Die ersten Anzeichen für Lukes schauspielerisches Talent waren seine Imitationen bekannter Persönlichkeiten, mit denen er gelegentlich seine Familie amüsierte. „Er hat schon den Entertainer der Familie gespielt, als er noch in den Windeln steckte", berichtet seine Mutter. Seine Darbietungen, so unterhaltsam sie auch waren, wurden allerdings zunächst weder besonders gelobt noch gefördert. „Ich wollte einfach, daß Luke erst einmal eine ganz normale Kindheit verbringt", erklärt Anne Bennett heute.

Luke scheint seiner Mutter diese Einstellung nicht übelgenommen zu haben. Ganz im Gegenteil, er spricht ausgesprochen liebevoll von ihr und ist immer sehr aufmerksam, wenn es um besondere Familienfeste geht. Und auch ohne speziellen Anlaß schickt er Blumen, Geschenke und Postkarten. Als Kind hat er seiner Mutter sogar eine „Öko-Box" gebaut, die bis heute in der Küche hängt.

Obwohl die Familie Lukes Talent nicht ausdrücklich gefördert hat, ist sie jetzt natürlich mächtig Stolz auf den erfolgreichen Sprößling. So schaut sie nicht nur regelmäßig BEVERLY HILLS, 90210, alle Folgen werden selbstverständlich auf Video aufgezeichnet und sorgfältig archiviert.

2

Die Heimatstadt

Luke ist außergewöhnlich stolz auf seine Herkunft — auf die Provinzstadt mit den bodenständigen Werten, die ihn sehr geprägt haben. Immer wieder kommt er deshalb in Interviews darauf zu sprechen.

Fredericktown ist eine Kleinstadt mit etwa 3000 Einwohnern inmitten des Bundesstaates Ohio und liegt ungefähr eine Autostunde von Columbus entfernt in einer aufstrebenden Landwirtschafts- und Industrieregion. Daher gibt es dort inzwischen auch ein richtiges Geschäftszentrum in der Gegend der „Main Street". Eine große Getreidemühle liegt unweit des Rathauses und der städtischen Bibliothek. Fredericktown ist ein typisches amerikanisches Paradestädtchen, still und friedliebend, mit baumbestandenen Alleen, einem großen Marktplatz, mehreren Kirchen und Parks mit hübschen, kleinen Seen. Trotzdem merkt man überall, daß die Stadt vorwiegend von der Landwirtschaft lebt. Zusätzlich zum Getreide- und Sojabohnenanbau gibt es in und um Fredericktown riesige Rinderfarmen, aber auch große milchwirtschaftliche Betriebe, Molkereien und Truthahnfarmen. Schließlich — und das ist für die USA sehr ungewöhnlich — findet man sogar Bauern, die Schweinezucht betreiben. Deshalb ist es Luke sicher nicht schwergefallen, sich für ein Hängebauchschwein als Haustier zu entscheiden.

Obwohl Fredericktown mit seinem repräsentativen Marktplatz geradezu prahlt, sucht man im Ort doch vergebens nach Ampeln an den Straßenkreuzungen, nach Kinos oder Fast-Food-Restaurants. Allerdings gibt es ein kleines Lokal, in dem man seine Abende verbringen kann, und das hat eine verblüffende Ähnlichkeit mit dem „Peach Pit" aus BEVERLY HILLS, 90210. Im „Brake's Dairy Corner", was soviel heißt wie „Brakes Milchbar", bekommt man Hamburger, Hot Dogs, Milchshakes und Eiscreme. „Brake's Dairy Corner" ist *der* Treffpunkt für die Jugend der kleinen Stadt. Luke Perry hat dort nicht nur fast jeden Tag gegessen, er hat „praktisch dort gelebt", wie diejenigen versichern, die ihn seit dieser Zeit kennen.

Eine der jährlichen Attraktionen in Fredericktown ist das sogenannte „Tomato-Festival", das exakt seit dem Jahr veranstaltet wird, in dem Lukes Familie in die Stadt zog. Der ganze Ort nimmt teil, wenn es darum geht, das beste eingemachte Gemüse, die leckersten Säfte und die köstlichsten Backwaren zu prämieren. Höhepunkt des Festes ist neben dem Babywettkrabbeln und dem Kieselsteinweitwerfen die Wahl zur kleinen „Miss Tomato".

Um allerdings einmal etwas anderes zu erleben,

21

mußten und müssen die Jugendlichen noch immer in das benachbarte, ein paar Meilen südlich von Fredericktown gelegene Mount Vernon fahren. Die Stadt hat es zwar auch noch nicht zur glanzvollen Metropole gebracht, hat aber immerhin ein Theater, einige Kinos und den unvermeidlichen Anschluß an die Fast-Food-Kultur zu bieten. Mount Vernon war daher schon immer das beliebteste Ziel der Jugendlichen von Fredericktown, sobald sie das sechzehnte Lebensjahr erreicht und einen fahrbaren Untersatz zur Verfügung hatten. Wie seine Freunde, so schwang sich auch Luke am Wochenende routinemäßig in seinen Wagen und verbrachte ganze Abende damit, den größten Platz von Mount Vernon mit dem Auto zu umrunden. „Cruising" nannten sie das. Dennoch sind Lukes Erinnerungen an die Nachbarstadt etwas zwiespältig. „Das erste Mal, daß meine Rippen die harte und schmerzhafte Bekanntschaft mit einem Cowboystiefel gemacht hat, war in Mount Vernon", erzählt er heute.

Bevor Luke zur Berühmtheit wurde, war ein gewisser Paul Lynde aus Mount Vernon, seines Zeichens Komiker und Entertainer, der bekannteste Mann der Gegend.

So oft es ihm möglich ist, kehrt Luke in seine Heimatstadt zurück. Viele seiner Jugendfreunde und natürlich seine Eltern und Geschwister leben noch immer dort. Es ist ihm wichtig, den Kontakt zu all den Menschen zu bewahren, die ihm einmal nahestanden; nicht zuletzt den zum Rektor seiner Highschool, Dan Harper, mit dem der junge Star sogar regelmäßig telefoniert.

Wenn man den Bewohnern von Fredericktown glauben darf, so ist Luke sein Erfolg in keiner Weise zu Kopf gestiegen. Zwar ist er der große Stolz der kleinen Stadt, aber wenn er dort ist, benimmt er sich immer noch wie einer von ihnen. Er ist einfach zu Besuch bei seiner Familie und seinen Freunden, gibt gelegentlich Autogramme, ist herzlich und nett zu jedermann.

Lukes letzter längerer Aufenthalt in seiner Heimatstadt anläßlich der Heirat seines Freundes Damon Henwood liegt noch nicht allzu lange zurück. Das Hochzeitsessen fand im Untergeschoß des „Alcove Restaurant" in Mount Vernon statt. Aber Luke konnte es sich nicht verkneifen, während des Festes einen Blick in den ersten Stock zu werfen, wo junge Schauspieler für die Abendunterhaltung sorgten. Zu seinem Verdruß stürzten sich natürlich sofort alle Leute auf ihn.

So gern er nach wie vor nach Hause fährt, so gern er Autogramme gibt, gesteht er doch auch, daß der Rummel um seine Person ihm inzwischen ein wenig auf die Nerven geht. „Er möchte hier einfach nur Luke sein und nicht der große Fernsehstar Luke Perry", berichtet einer seiner Freunde.

Dennoch besteht das größte gesellschaftliche Ereignis in Fredericktown darin, donnerstags die neueste Folge von BEVERLY HILLS, 90210 an-

zuschauen. Die Kellnerin in „Drake's Dairy Corner"
bringt dazu jedesmal extra einen Fernseher mit,
damit sowohl die Angestellten als auch die Gäste
die neuesten Abenteuer von Dylan McKay alias
Luke Perry verfolgen können.

3

Die Highschool

Luke Perrys Einschulung in das Schulsystem von Fredericktown fiel direkt mit seinem Eintritt in die sogenannte Junior Highschool zusammen. Obwohl es in der Stadt auch eine Grundschule gab und Luke fast noch ein wenig zu jung war für die Junior High. Aber da die Grundschule mit dem Kindergarten gekoppelt war, faßte man die vierte bis achte Klasse in der Junior Highschool zusammen.

Der Knox District, in dem die Familie wohnte, war allerdings zu weit von der Schule entfernt, als daß Luke hätte zu Fuß gehen können. Deshalb mußte er wie viele andere Kinder der Nachbarschaft auch jeden Morgen den gelben Schulbus nehmen.

Als Neuling machte Luke zunächst ganz ähnliche Erfahrungen wie Brandon und Brenda in ihrem ersten Schuljahr in BEVERLY HILLS, 90210. Aber einem aufgeschlossenen Jungen wie ihm fiel es nicht schwer, Kontakt zu bekommen; und die ersten Freundschaften aus dieser Zeit haben bis heute Bestand. Zu Lukes engsten Freunden im ersten Junior-Highschool-Jahr zählten Damon Henwood, David Stewart und Eric Lanese. Nach

Ende des ersten Schuljahres waren die vier so unzertrennlich, daß viele Kids sie nur noch die „Vier Musketiere" nannten.

Die Fredericktown Highschool besuchte Luke dann von 1981—84. Er begann wie üblich als „Frischling" und machte vier Jahre später seinen Highschoolabschluß. Der normale Schulalltag spielte sich zwischen acht Uhr morgens und halb drei nachmittags ab. In den einzelnen Klassenstufen gab es bis zu hundert Schüler.

Als Luke an die Highschool kam, war sein Bruder Tom dort bereits voll etabliert. Außerdem zählte er zu den lokalen Footballstars, und das in einer Stadt, in der sportliche Leistungen besonders hoch angesehen wurden. Tom hatte sich also in kürzester Zeit eine recht beeindruckende Position an der Schule gesichert.

Auch Luke war kein schlechter Sportler. Aber er war eben nicht so kräftig gebaut wie sein Bruder. Daher mußte er sich auf andere Qualitäten besinnen, mit denen er sich eine eigene Position an der Highschool erarbeiten konnte — was ihm auch gelang.

Die Unterschiede zwischen der Highschool von Fredericktown und der fiktiven West Beverly High könnten kaum größer sein. Die Schüler hier tragen keine Luxus-Klamotten im neuesten Trend, sondern stinknormale Jeans ohne Designer-Label und die obligatorischen Cowboystiefel, die man in Murphys Discount kauft. Sie fahren wie die Erwachsenen meistens zweckmäßige, allradgetriebene Pick-ups, die kaum mit den in der Serie allgegenwärtigen Porsches oder BMWs konkurrieren können.

Luke erzählt: „Wir hatten sogar Unterrichtsstunden, in denen wir lernten, wie man ein Kalb zur Welt bringt und wie man einen Traktor fährt." Nicht unbedingt das, was einen Dylan McKay an der West Beverly High auszeichnet.

Wie die meisten seiner Mitschüler, hatte Luke zunächst keinerlei Interesse an einer akademischen College-Laufbahn. Eher schon an einer Berufsschulausbildung, die mit der Highschool gekoppelt ist. In einer ländlichen Gegend wie Fredericktown gab es da nur eine Alternative: entweder man besuchte eine Landwirtschaftsschule oder eine für Betriebswirtschaft.

Die Landwirtschaftsschule bot das umfangreichere und auch intensivere Programm. Das zeigt sich schon daran, daß die „Future Farmers of America" noch immer den beliebtesten und größten Club auf dem Highschoolcampus haben. Ihm gehört sogar ein Stück Land von zwanzig Hektar direkt hinter der Schule, das von den Mitgliedern bearbeitet wird. Jeden Sommer verkauft der Club dann seine Ernte.

Dennoch entschied sich Luke für das Betriebswirtschaftsprogramm und mußte Leistungskurse in Englisch, Mathematik, Geschichte und den Naturwissenschaften belegen. Zusätzlich wählte

er noch EDV-Kurse und die Fächer Techno-
logieentwicklung und Sozialkunde.

Ein Bestandteil der Ausbildung ist außerdem die
zweijährige Teilnahme am DECA (Distributive Edu-
cation Clubs of America), einem Programm, das
speziell darauf ausgerichtet ist, Schüler auf den
Eintritt ins Berufsleben vorzubereiten.

Zum DECA II-Programm des letzten Schuljahres
gehört auch, daß die Studenten nur noch vormit-
tags die Schule besuchen, während sie am Nachmittag Praktika in Geschäften oder Büros der Stadt
ableisten. So arbeitete Luke eine Zeitlang in Mur-
phys-Discount-Kaufhaus in Mount Vernon.

Trotz der berufsorientierten Highschool-Lauf-
bahn sagt Luke heute, daß ihn die ganze Ausbildung nicht sonderlich interessiert habe. „Die
Highschool war einfach eine Institution, in der
auch alle meine Freunde waren. Also war ich auch
da. Aber ich habe mich nie richtig für den Unterricht begeistern können. Ich hatte nicht das
Gefühl, daß das, was wir dort lernten, einmal
nützlich sein könnte. Aber meine Mutter meinte,
ich müßte dorthin gehen. Also ging ich hin."

Vielleicht hätte Luke anders darüber gedacht,
wenn es in der Schule eine richtige Theaterabteilung gegeben hätte. Aber die wenigen Schul-
inszenierungen bestanden zumeist aus vom Mu-
siklehrer arrangierten und einstudierten Musicals.
Und die interessanten Rollen waren für die Mitglieder des Chores oder der Gesangsklassen reser-

viert. „Immer wieder werden die gleichen Stücke gespielt, bis zum Abwinken", hatte sich Luke eines Tages beschwert und sich dadurch nicht unbedingt beliebter gemacht.

Möglicherweise haben Lukes wenig rosige Erinnerungen an die Schulaufführungen aber auch mit einem sehr unangenehmen Erlebnis zu tun. Laut Mansfield News-Journal, der lokalen Tageszeitung, wurde Luke aus einer Inszenierung geworfen, weil er vor einem Photographen eine obszöne Geste gemacht hatte. Wie er selbst gesteht, geschah dies, weil er völlig verärgert darüber gewesen sei, daß er keine bessere Rolle in dem Stück bekommen habe.

Zwar hatte Luke damals in fast jeder Aufführung mindestens eine kleine Rolle; nichts deutete aber darauf hin, daß die Schauspielerei eines Tages sein Lebensinhalt und sein Beruf werden würde.

Da ihm die Schule kein angemessenes Forum für seine Darstellungsfreude bot, suchte Luke sich eine andere Möglichkeit für seinen „großen Auftritt". Und tatsächlich: allein schon mit der Figur, die er von nun an verkörperte, wurde er in seiner Heimatstadt populär. Jeder kennt in Fredericktown „Freddie Bird", das Schulmaskottchen.

Als „Freddie Bird" mußte Luke in ein gigantisches Vogelkostüm schlüpfen, das von Kopf bis Fuß mit knallroten Federn bedeckt war. Und „Freddie Bird" hatte eine Menge Verpflichtungen.

Er erschien bei fast jeder öffentlichen Veranstaltung, bei Basketball- und Footballspielen, mischte in der Choreographie der Cheerleadergruppen mit, war von keiner Parade und natürlich auch nicht vom jährlichen „Tomato-Festival" wegzudenken.

Luke hatte seinerzeit sogar für die „Rolle" des „Freddie Bird" vorspielen müssen — in gewisser Weise war das sein erster Vorsprechtermin. Er bekam den Part, und das nicht zuletzt wegen seiner natürlichen Lässigkeit und seiner geistigen Präsenz.

Weil der Sport in Fredericktown einen so hohen Stellenwert hatte — immerhin erreichte das Footballteam der Schule innerhalb von fünf Jahren zweimal des Finale des Staates Ohio —, besuchte fast die ganze Stadt die Spiele. Hier fand Luke das größte Publikum für die Auftritte seines „Freddie Bird". Und er gab schon in diesem Rampenlicht sein Bestes.

Anders als seine Vorgänger, ließ sich Luke immer neue Aktionen einfallen, die seinen „Freddie" so unvergessen werden ließen. Einmal beispielsweise überredete er die „Kokosing Construction Company", in der auch sein Stiefvater arbeitete, ihn mit dem Firmenhubschrauber ins Footballstadion zu fliegen, wo er dann in großer Pose den Ball für das Spiel übergab. Das Publikum war völlig aus dem Häuschen. Bei einer anderen Gelegenheit donnerte er mit einem dreirädrigen Geländemotorrad ins Stadion. Rückblickend meint

Luke: „Es hat wirklich Spaß gemacht, besonders die Sache mit dem Motorrad. Ich bin in vollem Kostüm auf den Hinterrädern durchs Stadion gerauscht. Das war schon toll."

Allerdings war Lukes Engagement als „Freddie Bird" nicht seine einzige außerschulische Aktivität. Während seiner gesamten Highschoolzeit war Luke in diversen Clubs, beim Sport und sogar in der Schulpolitik aktiv. Im ersten Jahr spielte er im Baseballteam der Schule. Während des zweiten war er aktiv im Schülerrat und Sprecher seiner Klassenstufe. Im dritten Jahr schließlich wurde Luke wieder in den Schülerrat gewählt, war Mitglied im Tennis- und Skiclub und Präsident der DECA. Neben seiner Aufgabe als „Freddie Bird" übernahm er auch im letzten Schuljahr wieder die Leitung der DECA, zog sich aber von den Sportclubs und vom Schülerrat zurück.

Zu Lukes schönsten Erinnerungen an die Schulzeit gehört eine Geschichte aus seinem zweiten Highschooljahr. Da es Pflicht war, eine Fremdsprache zu lernen, entschied sich Luke für Französisch. Zum Programm gehörte in diesem Jahr auch eine Reise nach Frankreich. Die Schüler mußten den Trip jedoch aus eigener Tasche bezahlen, und Luke hatte das Glück, daß er das Geld auftreiben konnte.

Luke war vorher nie weit über Fredericktown und Umgebung rausgekommen. Entsprechend begeistert war er angesichts einer Stadt, die ihm ein völlig neues Bild der Welt vermittelte. Dabei waren es nicht so sehr die großen Sehenswürdigkeiten wie Eiffelturm, Louvre oder Arc de Triomphe, die er von Postkarten kannte, sondern vielmehr die Atmosphäre einer Weltstadt, die Luke faszinierte.

Außerdem war der Trip nach Frankreich der Beginn einer neuen Freundschaft. Lukes Klassenkamerad und Zimmergenosse in Paris, Chris Blackburn, ist seitdem einer seiner engsten Freunde und Vertrauten.

Der Highschool-Luke hatte in der Tat wenig Ähnlichkeiten mit dem melancholischen Einzelgänger Dylan McKay von der West Beverly High. Wollte man den Luke aus jener Zeit beschreiben, so entsprach er wohl eher einem Typ wie Brandon. Jedermann kannte ihn, jedermann mochte ihn. Keine Spur von diesen dunklen Seiten und verborgenen psychischen Abgründen. Luke Perry war einfach ein bekannter und beliebter Junge seiner Stadt.

Deshalb klingt es so seltsam, wenn Luke einem Journalisten heute erklärt, daß er die Schule im Grunde seines Herzens haßte. Vielleicht ist es die späte Enttäuschung darüber, daß es in seiner Schule nie Theaterkurse oder etwas Ähnliches gegeben hat. Luke meint, er sei nur der Clown seiner Klasse gewesen. Wahrscheinlich hatte er schon immer die Sehnsucht, mehr zu spielen als diese Rolle oder die des „Freddie Bird".

Sicher aber war er in seiner Jugend jemand, der immer neue Albernheiten auskochte. Es gibt eine Geschichte, die zumindest in Fredericktown inzwischen fast zur Legende geworden ist. Eines Tages mußten zwei von Lukes Freunden, nämlich Kenny Jones und David Stewart, in der Schule nachsitzen. Luke und Damon Henwood entschlossen sich, die beiden aus dem „Gefängnis" zu befreien. Sie kostümierten sich wie Gangster, mit langen, dunklen Mänteln und den entsprechenden Hüten, trieben irgendwo zwei Plastikmaschinengewehre auf und inszenierten eine spektakuläre Befreiung. Der Schulsekretärin Mrs. Bunnell jagten sie einen derartigen Schrecken ein, daß diese die Befreiung bedingungslos akzeptierte. Dann stürmten die vier aus dem Schulgebäude, sprangen in ihr „Fluchtauto" und wurden natürlich nur wenige Straßen weiter gestellt. Eine strenge Abmahnung durch die Schule war die Folge. Die Aktion aber machte Geschichte und bekam eine besondere Würdigung im „Crest", dem Jahrbuch der Schule.

Damals war es den Schülern erlaubt, zum Lunch das Schulgelände zu verlassen. Und Luke ging jeden Mittag zu „Brakes Dairy Corner".

Mit sechzehn hatte er dann ein eigenes Auto. Seine Mitschüler erinnern sich noch heute daran, wie Luke voller Stolz in seinem alten Volkswagen herumkurvte. Und natürlich war er immer dabei, wenn am Wochenende die Karavane von Fredericktown nach Mount Vernon aufbrach.

Seine Freunde waren damals genauso populär wie Luke. Damon und David machten mit beim DECA-Programm. Eric Lanese wurde während des letzten Schuljahres zum witzigsten Schüler der Saison gewählt, Chris Blackburn zum bestangezogenen.

Und welche Auszeichnung bekam Luke in diesem Jahr? Die für den heftigsten Flirt?

Genau. Denn Luke war nicht nur bei den Jungs sehr beliebt. Er war immer auch ein „Mann der Frauen", oder wie man damals sagte, der „Schwarm aller Mädchen". Der Besitzer von „Brakes Dairy Corner", der Luke besonders gut kannte, erklärt: „In Luke wohnte der Schalk. Er war ein bißchen wild, ein bißchen verrückt und immer sehr lustig. Die Mädchen liebten ihn einfach."

Zu dieser Zeit hatte Luke keine feste Beziehung, er flirtete mit vielen Mädchen. Es gab keine Brenda in seinem Leben. Allerdings, so gesteht er heute, war er in ein Mädchen besonders verliebt. Sie hieß Debbie Kauffman und war eine echte Schulschönheit.

Lukes Schulabschlußfeier fand am 19. Mai 1984 statt. Zuerst gab es ein großes Dinner in einem italienischen Restaurant. Dann folgte ein Ball im Country Club von Mount Vernon.

Luke erinnert sich noch sehr genau: „Ich werde nie vergessen, daß ich bis einen Tag vor der Party zwei Verabredungen für das Fest hatte. Es war eine ziemlich groteske Situation. Ich weiß gar nicht mehr, wie das passieren konnte. Irgendwie ging dann aber doch alles glatt. Ich ging mit dem Mädchen zum Ball, mit dem ich wirklich gehen wollte, und wir hatten sehr viel Spaß."

Ganz ohne Tragödien verlief Lukes Schulzeit allerdings nicht. Während des vorletzten Schuljahres schwänzten zwei Mädchen die Schule, weil sie einkaufen gehen wollten. Luke erzählt: „Sie fuhren mit ihrem Wagen, aber ohne sich anzuschnallen. Sie kamen nicht mehr zum Einkaufen. Sie kamen zu gar nichts mehr."

Das Jahrbuch dieses Jahrgangs wurde fast komplett dem Andenken der beiden Unfallopfer gewidmet. Und Luke pflegt es auch heute noch auf seine Weise, indem er immer wieder in Schulen geht und Werbung für mehr Sicherheit beim Autofahren macht. Er hofft, daß ihm seine Popularität dabei hilft, einen positiven Einfluß auf die Kids auszuüben.

Als Luke sein letztes Schuljahr auf der Highschool absolvierte, war seine kleine Schwester Amy Perry schon in der Frischlingsklasse. Und selbst der jüngste Sprößling der Familie, Emily Bennett, ist bereits im zweiten Jahr auf der Fredericktown Highschool.

Die Eingangstür zum Lehrerzimmer ist inzwischen zu einer regelrechten Luke-Perry-Gedenktafel geworden. Über und über bedeckt mit Postern und Pin-ups des Stars.

Der Highschoolabschluß hat Lukes Meinung

über eine Collegeausbildung nicht geändert. Es kam für ihn nach wie vor nicht in Frage, sich fürs College zu bewerben. Er erklärt: „Ich hatte einfach die Nase voll von der Schule. Man hat mir dort eigentlich gar nichts beigebracht. Außerdem gehöre ich wohl ohnehin eher zu den Menschen, die alles, was sie für ihr Leben brauchen, bereits im Kindergarten gelernt haben."

Trotzdem hat Luke eine Menge für seine Karriere getan. Für das Geschäftsleben war er nicht gemacht. Luke tat das, was er eigentlich schon immer hatte tun wollen.

4

Vom Virus infiziert

Auch wenn es ihm schwer fiel, es seinen Freunden und seinen Eltern gegenüber zuzugeben, hatte Luke eigentlich immer nur ein Ziel vor Augen: Er wollte Schauspieler werden. Halb im Scherz, halb im Ernst erklärte er einmal einem Journalisten, er sei ganz einfach für's Showbusiness geboren. Wenn er ganz seriös darüber spricht, klingt das allerdings ein wenig anders: „Ich glaube, an dem Tag, an dem ich angefangen habe fernzusehen, habe ich mich am Schauspielervirus infiziert. Mich hat fasziniert, was aus so einer kleinen Kiste alles herauskommt. Das Fernsehen hat mich unterhalten und auf seine Weise sogar erzogen. Es war schlicht Teil meines Lebens."

Nicht lange nach den ersten Begegnungen mit der Flimmerkiste und der Entdeckung seiner Liebe zum Fernsehen entschied Luke für sich: „Ich will eines Tages selber hinein in diesen Kasten!"

Weil er wahrscheinlich keine Vorstellungen davon hatte, was ein Schauspieler ist oder tut, beschloß Luke, daß er unbedingt Filmstar werden müsse. Erst Jahre später, so gesteht er heute, fand er heraus, daß zwischen einem Schauspieler und einem Filmstar doch ein ziemlich großer

Unterschied besteht. „Heute interessiert es mich kaum, ein Filmstar zu sein. Ich möchte einfach nur Schauspieler sein."

Als Kind sah Luke Hunderte von Fernsehfilmen. Aber einer übte mit Abstand die größte Wirkung auf ihn: der Klassiker „Cool Hand Luke" mit Paul Newman. Vielleicht nicht zuletzt deshalb, weil Dylans Mutter wie viele Frauen in den sechziger Jahren völlig hingerissen war von diesem Schauspieler. Als der kleine Luke den Film zum ersten Mal sah, war er gerade vier Jahre alt. „Ich sah plötzlich meinen eigenen Namen auf dem Bildschirm. Ich sah Luke in der Kiste. Es war das erste Mal, daß ich meinen Namen geschrieben sah." Von diesem Tag an konnte er sich nicht mehr vorstellen, in seinem Leben irgend etwas anderes zu werden als Schauspieler.

Gelegenheiten zum Spielen hatte Luke in der Gegend, in der er aufwuchs, jedoch nur ganz selten. Er stand mit seinem Wunsch ziemlich allein unter zukünftigen Farmern oder Geschäftsleuten. Luke hatte sogar ein wenig Angst, sich lächerlich zu machen. Es gab nur einen Jungen, der auch eine Karriere im Showgeschäft anstrebte und mit dem er seine Träume teilen konnte, Chris Blackburn, den er auf der Klassenfahrt nach Paris näher kennengelernt hatte. Chris erinnert sich heute: „Luke hat mir immer wieder erzählt, daß er Schauspieler werden würde — oder es zumindest versuchen wolle."

Unweit von Fredericktown befindet sich das Kenyon College, dessen kleine, aber sehr anerkannte Theaterabteilung von einem ehemaligen Schüler unterstützt wurde. Und dieser Schüler war niemand anderes als Paul Newman. Beim jährlichen Kenyon-Theater-Festival kann man Dutzende von Inszenierungen sehen, in denen nicht selten Berühmtheiten des Showgeschäfts mitspielen. Hier sah Luke sein Idol zum ersten Mal aus der Nähe, denn Newman führte Regie. Allerdings hatte Luke keine Chance, mit ihm über seine eigenen Ambitionen zu sprechen. So dicht kam er leider nicht an den Star heran.

Nach Abschluß der Highschool schrieb sich Lukes Freund Chris im Kenyon College ein und belegte als Hauptfach Theaterwissenschaften. Und Luke erklärte seinem Freund: „Ich werde dir mächtig Konkurrenz machen auf dem Weg zum Ruhm!"

Zunächst aber war Luke einigermaßen frustriert über seine schlechten künstlerischen Chancen. „Können sie sich vorstellen, Schauspieler zu sein und in Ohio zu leben? Es gibt einfach für einen Schauspieler nichts zu tun in Ohio, schon gar nicht in Fredericktown", hat er einmal einem Reporter aus Ohio gesagt. „Ich hatte das Gefühl verrückt zu werden." Dennoch blieb Luke nach der Highschool noch eine ganze Weile in der Gegend und spielte in ein paar Stücken an lokalen Theatern mit.

Es ist erzählt worden, daß Luke beispielsweise

im Theater von Mansfield in dem Stück „Dark o'
the Moon" mitgespielt habe. Das Problem ist nur,
daß im Theater von Mansfield dieses Stück nie
Premiere hatte und es deshalb auch keinerlei Informationen über einen Luke Perry gibt, in welcher
Rolle auch immer.

Es war die Theatergruppe vom Campus der
Ohio University in Mansfield, die das Stück im Jahr
1984 herausbrachte. Aber der Regisseur des Stük-
kes, Larry Evans, erklärt, daß Luke Perry nicht
dabei war. „Ich habe ein ziemlich gutes Gedächt-
nis für solche Dinge." Es gibt also überhaupt keinen Hinweis darauf, daß Luke jemals in diesem
Stück mitgespielt hat. Wie auch immer, Chris
Blackburn erinnert sich, Luke in einigen Produk-
tionen im Raum Mansfield auf der Bühne gesehen
zu haben.

Luke fühlt sich bis heute noch sehr dem Theater
verbunden. „Auf der Bühne zu spielen, ist nach
wie vor das Schönste für jeden Schauspieler.
Wenn das Stück vorbei ist, läßt einen das Publikum sofort wissen, ob man gut oder schlecht war.
Wenn man gut war, um so besser. Wenn nicht,
weiß man, woran man arbeiten muß. Ich bin ein
Typ, der immer wissen muß, ob seine Darstellung
die Menschen berührt."

Als Luke noch in Ohio umhertingelte, hatte er
keinerlei Schauspielunterricht. Er spielte einfach.
Das hatte er sich schon immer gewünscht. Aber
es wurde ihm bald klar, daß er nun eine gute

Theaterausbildung brauchte und daß er die in der Provinz wohl kaum bekommen würde. Also verließ Luke im Jahre 1985 Fredericktown/Ohio mit unbekanntem Ziel.

5

Abschied von der Heimat

Für eine kurze Zeit überlegte Luke, sich an der renommierten Juillard School in New York, einer der besten und bekanntesten Schulen für darstellende Künste, zu bewerben. Aber dann hieß sein Ziel doch Hollywood. Luke verließ Fredericktown nicht allein. Er wurde von seinem Freund Damon Henwood begleitet, der sich mit seinem Saxophon einen Namen in der kalifornischen Rockszene machen wollte.

In den Taschen ein paar Dollars, die sie sich mit Gelegenheitsjobs verdient hatten, und die Köpfe voller großer Träume verabschiedeten sich die beiden von ihren Familien und machten sich auf den Weg zur Greyhound-Station. Eine ausgesprochen mutige Entscheidung. Schließlich hatte Luke weder ausreichende Lebenserfahrung noch eine Ausbildung, auf der er hätte aufbauen können.

Die Geschichte seiner Ankunft in Los Angeles erzählt Luke immer wieder gern: „Wir nahmen den Greyhound – einmal quer durch die USA. Schließlich kamen wir in L.A. am Busbahnhof an. Und der erste, der mir begegnete, war ein Typ, der mich fragte, ob ich ein paar Dollar übrig hätte. Ich hab ihn angeschaut wie ein Auto und gesagt: ‚Paß mal auf, wenn ich Geld hätte, glaubst du, ich würde dann mit dem Bus fahren? Warum gehst du nicht zum Flughafen, da kommen die Leute mit Knete an.'"

Lukes Lebenshilfe für einen Obdachlosen zeigt, daß hier Welten aufeinanderprallten. Abgesehen von der Klassenfahrt nach Paris war der inzwischen achtzehnjährige bis dahin noch nie über die Grenzen von Columbus hinausgekommen. Und nun auf einmal Los Angeles. Kein Wunder, daß er einige Zeit brauchte, bis er sich in der Filmmetropole zurechtfand. Mit den Menschen klarzukommen, machte Luke hingegen überhaupt keine Mühe. Es gab etwas in Luke Perry, das sich in der Kleinstadt Fredericktown nie so recht wohl gefühlt hatte. In einer Stadt wie Los Angeles hatte er das Gefühl, endlich die Freiheit zu haben, er selbst zu sein.

Lukes erstes Ziel war eine Schauspielschule. Er wußte nicht viel von dem Geschäft. Aber er wußte, daß er ohne eine solide Ausbildung nie auch nur den Hauch einer Chance haben würde. Die Aufnahme in eine Schule gelang ihm sehr schnell. Und er fand außerdem einen Lehrer, David Beard, der später sogar sein Mentor werden sollte.

Lukes Unterricht begann also beim Whitefire Theater in Sherman Oaks. Diese Institution war Theater, Schauspielschule und Spielwiese für experimentelle Performances in einem, und Luke lernte das Schauspielhandwerk von der Pike auf —

zusammen mit anderen hoffnungsvollen Talenten. Diese Ausbildung war allerdings nicht unbedingt das, was ihn für eine Rolle wie die des Dylan McKay prädestinierte. Luke spielte die großen Bühnenklassiker und beschrieb seine Erfahrungen einmal im Mansfield Journal: „Ich war sowohl mit erfahrenen Leuten als auch mit Anfängern, wie ich selbst einer war, zusammen. Für mich das erste Mal überhaupt, daß ich mit professionellen Schauspielern zusammengearbeitet habe. Wir spielten Shakespeare, Strindberg, Ibsen, Shaw und Tennessee Williams, eben all die ‚Großen'. Mehr als eineinhalb Jahre hab ich an der Schule verbracht, und ich habe es genossen. Dort lernte man sein Handwerk von Grund auf. Eine bessere Ausbildung hätte ich wohl kaum bekommen können."

Schon kurze Zeit später fand Luke einen Theateragenten, der bereit war, sich um Engagements zu kümmern. Er schickte den Newcomer zu Vorsprechterminen. Alles schien sich für den Jungen aus der Kleinstadt prächtig zu entwickeln. Alles schien vorbereitet, um die Großstadt im Sturm zu erobern. Nur, die Eroberung blieb aus. Noch nicht einmal die Spur einer Eroberung. Und es lag nicht daran, daß er nicht alles versuchte. Luke erinnert sich: „Ich ging zu zahllosen Vorstellungsterminen. Manchmal hatte ich zwei pro Tag. Drei- oder viermal schaffte ich es sogar bis in die zweite Runde. In diesen Fällen wußte ich immerhin, daß ich dicht dran war. Mit der Zeit wurde die ganze Sache aber immer frustrierender — allerdings ist Frustration für mich häufig die beste Motivation gewesen. Ich glaube, ich habe immer die besten Vorstellungen im Whitefire Theater abgeliefert, wenn ich gerade eine Absage für eine Rolle bekommen hatte."

Während der ersten drei Jahre in Los Angeles bekam Luke nicht ein einziges bezahltes Engagement. Statt dessen mußte er alle möglichen Jobs annehmen, nur um sein Miete bezahlen zu können. Und weil er nicht viel gelernt hatte außer Theaterspielen, war das zumeist harte körperliche Arbeit. „Ich habe vor allem im Straßenbau gearbeitet, Parkplätze asphaltiert, Markierungen gemalt, Schranken installiert usw." Einige Zeit war Luke sogar Koch. Dann hat er Schuhe verkauft, einen Video-Laden gemanagt, als Zimmerkellner in einem Hotel gearbeitet und schließlich auch mal am Fließband gestanden. Mit anderen Worten, er hat nahezu jeden Job angenommen.

Vielleicht haben diese Erfahrungen dazu beigetragen, daß der junge Schauspieler wie kaum ein anderer in der Lage ist, mit dem Erfolg umzugehen. Egal, wie lang der Drehtag gewesen ist, egal, wie schwierig die Szene oder wie verrückt und aufdringlich die Fans — Luke weiß besser als viele andere, wie die Alternative dazu aussieht.

Doch auch während er sich mit Gelegenheitsjobs über Wasser hielt, besuchte Luke weiterhin den Unterricht oder spielte am Theater. Er tut dies übrigens auch heute noch. „Man sollte nie aufhören, sein Spiel kontinuierlich zu verbessern", meint er dazu.

Luke lernte ein Menge in dieser Zeit. Nicht nur in punkto Schauspielerei, sondern auch über den Unterschied zwischen dem Leben in einer Kleinstadt und dem in der Großstadt. „Man kann viel von dem, was man in der Kleinstadt lernt, auf die Großstadt übertragen, aber nur wenig vom Leben in der Großstadt auf die Kleinstadt."

So hat Luke immer wieder versucht, seine eigene Herkunft in die Schauspielerei einzubringen. Das funktioniert bei BEVERLY HILLS, 90210 besonders gut. Luke erklärt das so: „Daß ich aus einer Kleinstadt im mittleren Westen stamme, hilft mir bei vielen Szenen mit Jay (Jason Priestley). Denn im Grunde kenne ich die Herkunft seines Charakters aus meiner eigenen Kindheit, und das hilft uns beiden, wenn wir gemeinsam eine Szene spielen."

Im Lauf seiner ersten Jahre in Los Angeles entwickelte Luke seinen eigenen schauspielerischen Stil, den er konsequent pflegt. Anders als viele seiner Kollegen ist er ein sehr methodisch arbeitender Mensch. Wenn er etwa eine emotional anspruchsvolle Szene spielen muß, versucht er, sich völlig mit der Rolle zu identifizieren. Während die anderen Mitglieder der 90210-Besetzung ihre Gefühle an- und ausschalten können wie ein Lampe, macht Luke es anders. Er ist der Überzeugung, daß man nur so eine Rolle voll ausspielen kann. Deutlich wird das besonders in einer Szene in BEVERLY HILLS, 90210, in der Dylan, verlassen in einer Strandhütte sitzend, an seine traumatischen Kindheitserlebnisse erinnert wird. Luke war so gefangen von dieser Situation, daß er es ganz und gar nicht zu schätzen wußte, als sein bester Freund Jason einen aufmunternden Joke machen wollte. Zwar gab es deswegen keine grundsätzlichen Differenzen zwischen den beiden, aber es zeigt doch den großen Unterschied in ihren Auffassungen.

Nach drei erfolglosen Jahren in Los Angeles waren Luke und sein Agent der Meinung, daß es nun endlich an der Zeit sei, die Pechsträhne zu cutten. Sie beschlossen einen Standortwechsel. Und so machte sich Luke schließlich auf nach New York, um sich dort für eine Soap-Opera-Produktion vorzustellen.

6

New York, New York

Luke wußte, daß dieser Trip an die Ostküste keine schlechte Idee war, aber er hatte trotzdem einige Zweifel. Nicht wegen New York, aber der Gedanke, in einer Soap Opera des Nachmittagsprogramms mitzumachen, behagte ihm nicht sonderlich.

Das war eine völlig andere Art Schauspielerei. In den Workshops des Whitefire Theaters hatte Luke eine Ausbildung zum klassischen Theaterschauspieler absolviert. Außerdem war in seinen Augen die Produktion von Soap Operas ähnlich wie die von Werbespots nur Kommerz.

Heute gibt er zu, daß in seinem damaligen Urteil eine Menge Arroganz steckte. „Der Gedanke, in einer Soap Opera zu spielen, war mir fast ein wenig peinlich", sagt er jetzt. „Es war nicht gerade das, was mir als erstes einfiel, wenn ich über die Schauspielerei nachdachte. Ich glaube, viele Schauspieler, die keine Erfahrung in dem Bereich haben, denken so wie ich damals."

Und trotzdem: Zu Beginn des Jahres 1987 — zweieinhalb Jahre nach seinem Highschoolabschluß — bestieg Luke ein Flugzeug, um sich in New York vorzustellen.

Aber er bekam den Job nicht. „Ich entsprach nicht dem äußeren Erscheinungsbild, das sie sich für die Rolle vorgestellt hatten", erinnert sich Luke. Seine Enttäuschung hatte aber noch einen Grund. In der Halle, in der er auf seinen Auftritt warten mußte, saß noch jemand, dessen Gesicht Luke von irgendwoher kannte und der sich offenbar auch für die Rolle beworben hatte. Es war Ian Ziering aus der Fernsehserie „The Guiding Light". „Dieser Typ hat doch schon einen Job, was braucht der noch einen", hatte Luke gedacht und sofort eine spontane Abneigung gegen Ian empfunden.

Luke kehrte frustriert nach Los Angeles zurück. Wieder nichts.

Dennoch sollte sich bald herausstellen, daß die Entscheidung für New York nicht umsonst gewesen war. Die Produzenten der Soap Opera erinnerten sich an Luke und luden ihn kurze Zeit später erneut ein, als es um die Besetzung in einer anderen Produktion ging. „Ich mußte mich vor laufender Kamera für die Rolle des Ned Bates in der ABC-Produktion ‚Loving' vorstellen." Danach machte sich Luke wieder auf den Weg nach Los Angeles. „Ich flog zurück nach L.A., um dort auf weitere Nachrichten zu warten. Aber ich hatte kaum das Flugzeug verlassen, da sagte mir mein Agent, daß ich die Rolle tatsächlich bekommen hatte. Also machte ich quasi auf dem Absatz wieder kehrt."

49

Das war im Februar 1987, und es war Luke Perrys erstes bezahltes Engagement.

Luke spielte den typischen „netten Kerl", einen braven Burschen vom Lande, der seine Freundin immer wieder aus irgendwelchen Schwierigkeiten befreien muß. Während er, wie er erzählt, den Namen dieser Figur gehaßt hat wie die Pest, fing er doch bald an, seine Erfahrungen mit „Loving" außerordentlich zu schätzen. Endlich fühlte Luke sich als Schauspieler, er arbeitete als Schauspieler – und das auch noch in New York!

Die Freundin wurde übrigens von der Schauspielerin Alexandra Wilson gespielt, neuerdings in der Abendserie „Homefront" in der Rolle der Sarah zu sehen. Lukes und Alexandras Romanze blieb allerdings aufs Fernsehen beschränkt, auch wenn die beiden gelegentlich bei öffentlichen Anlässen zusammen gesehen wurden. Alexandra hatte damals bereits einen festen Freund.

Es dauerte nicht lange, bis Luke die Arbeit bei einer Serie voll respektierte. „Ich erlebte, wie wahnsinnig anstrengend es ist, für tägliche Soap-Opera-Folgen zu arbeiten; nicht nur physisch, sondern auch geistig. Man muß enorm schnell lernen und dabei jeden Tag den gleichen schauspielerischen Level halten. Das ist, als ob man täglich ein Examen ablegt."

Luke wurde klar, „daß Soap Operas im Grunde eine eigene Gattung sind, die man sich genauso erarbeiten muß wie die Darstellung klassischer

50

Rollen. Und es ist eine ganz eigene Sache, sich vor einer Kamera zu bewegen."

Die Schauspieler mußten täglich über vierzig Seiten Dialog durcharbeiten. „Wir schaffen etwa die gleiche Menge bei 90210 in einer Woche. Das ist schon eine kleiner Unterschied."

Auch der Tagesablauf war für Luke zuerst der pure Wahnsinn. Aber bald hatte er sich an die Geschwindigkeit der New Yorker gewöhnt. Jeder Drehtag begann immer mit einer Besprechung mit dem Regisseur über die Dialoge und die Aktionen auf der Bühne. Danach sollten die Schauspieler die eigenen Parts durchgehen und für sich proben.

Gegen elf Uhr war es Zeit für die Maske und für die Probeaufnahmen, bei denen die Techniker das Licht und die Kameraleute den Bühnenaufbau einrichten.

Dann Mittagspause gegen 12; und unmittelbar danach Anprobe der Kostüme in der Garderobe und Vorführung vor laufender Kamera. Wie Luke erklärt, „mußte das sein, weil der Regisseur vor dem Dreh immer noch einmal die Wirkung von Kostümen und Make-up checken und gegebenenfalls ändern wollte".

Die eigentliche Aufnahme begann dann etwa gegen zwei Uhr und dauerte etwa bis sechs. „Und dann", erzählt Luke heute mit einem Lachen, „sind wir alle nach Hause gefahren und haben uns an die vierzig Seiten für den nächsten Tag gemacht."

Luke war völlig absorbiert von der Arbeit für die Serie. „Wenn ich nicht gerade direkt an meinem Part arbeitete, sprach ich mit den anderen Schauspielern über unsere Rollen und darüber, was daran zu ändern oder zu verbessern war."

Bei dieser Produktion lernte Luke auch, wie es ist, berühmt oder zumindest bekannt zu sein. Er berichtet über einen Nachmittag, an dem „ich nach den Aufnahmen das Studio verließ und vor dem Ausgang eine ganze Gruppe von Leuten stehen sah. Sie kamen auf mich zu mit ihren Autogrammbüchern und ihren Kameras. Ich habe nicht im Traum daran gedacht, daß die mich meinten. Also ging ich einfach weiter. Irgendwann kam mir das alles komisch vor, und ich drehte mich um. Es gab keinen Zweifel, die meinten mich, die wollten Autogramme von mir!"

Auch wenn Luke für „Loving" sehr hart arbeitete und sich voll identifizierte, hatte er natürlich immer den Aufstieg in eine der großen Fernsehserien im Kopf. Er wußte aber auch, daß eine Soap Opera nicht unbedingt das Sprungbrett für die große Schauspielerkarriere ist.

Nach und nach begann Luke, New York City in sein Herz zu schließen. Obwohl er nie vorher dort gewesen war, fühlte er sich in dieser Stadt schnell zu Hause. Er liebte den Central Park, die bunte Vielfalt der Kulturen — auch der Eßkulturen — die vielen kleinen Lebensmittelgeschäfte, die bis abends um zehn geöffnet sind und nicht zuletzt das Nachtleben in den Bars und Restaurants. Bis heute beklagt sich Luke darüber, daß man in Los Angeles manchmal drei Meilen fahren müsse, nur um ein Brötchen zu kaufen.

Er genoß sogar die Anonymität der Großstadt und das Gefühl, das sie einem Jungen vom Lande vermittelt. „In New York sind die Menschen in extremem Maße voneinander abhängig", philosophiert Luke, „man braucht den menschlichen Kontakt in der Unwirtlichkeit einer solchen Stadt."

In seinem ersten Jahr dort schien es, als sei für Luke ein Traum Wirklichkeit geworden. Er hatte einen festen Job und verdiente recht gut. Kein Wunder, daß er sich regelrecht reich vorkam.

Aber es war nie das Geld, das Luke in New York glücklich machte. Viel wichtiger war, daß er es nach Jahren der Frustration endlich geschafft hatte, als Schauspieler zu arbeiten. In New York realisierte er den Traum, den er immer geträumt hatte. „Irgendwie lebte ich in der ganzen Stadt", sinniert Luke rückblickend. „Ich wohnte in den verschiedensten Wohnungen entlang der Upper West Side, von der 66ten Straße bis zur 156ten Straße, immer nur zur Untermiete für ein paar Monate." Das Herumziehen machte Luke jedoch nichts aus, im Gegenteil. „So ein Vagabundendasein gehört einfach zum Leben eines Schauspielers dazu."

Luke hatte viele Lieblingsplätze in New York. Da gab es ein Restaurant mit dem Namen „Wilson's", das seiner Meinung nach das beste Essen in ganz Manhattan hat. Zum Beispiel „Honey Chicken Dijonaise", sein Lieblingsgericht.

Mit Begeisterung trieb sich Luke auch am Beacon Theater herum, einer New Yorker Institution, aus der inzwischen ein reines Musiktheater geworden ist. Eine Menge seiner Freizeit verbrachte er dort. Und zu seinen bleibenden Erinnerungen an New York gehört ein Live-Auftritt der Blues-Legende B. B. King im Beacon.

Neben seiner Arbeit engagierte sich Luke auch im „soap actors circuit". Das ist eigentlich mehr als nur ein Club, eher eine Art lokale Schauspielergewerkschaft, offen für jeden Soap-Opera-Schauspieler. Dort versucht man, insbesondere jüngeren Kollegen zu mehr Kontakten und Popularität zu verhelfen. Nicht weil die Fans das fordern, sondern vor allem im Blick auf die Chancen in der Unterhaltungsindustrie. Allerdings ist nicht jeder Schauspieler am Soap-Club interessiert. Bei Luke jedoch war das anders, und er hat sich in dieser Zeit voll in die Club-Arbeit gestürzt.

Die Soap-Opera-Journalistin Irene Krause erinnert sich an Luke: „Luke hat sich um alles gekümmert, war immer da, wenn es für die Schauspieler etwas zu tun gab. Dabei immer freundlich, fröhlich und jederzeit bereit, sich mit Fans zu treffen. Man hatte nie das Gefühl, daß er nur eine Aufgabe übernommen hatte. Er war einfach immer da."

So organisierte Luke zum Beispiel im Sommer

1987 eine Reihe von Benefiz-Basketballspielen zwischen Schauspielern und Fans, deren Erlöse verschiedenen sozialen Institutionen gespendet wurden. „Luke schien immer nur das Interesse zu haben, Menschen glücklich zu machen," erzählt Irene.

Ein ganz besonderes Ereignis hat Luke mit seinem Schauspielerfreund Peter Love, einem der Darsteller aus „Ryans Hope", organisiert. Und zwar ein Wochenende an der Universität von Iowa, zu dem Fans, Studenten und Leute von der Presse eingeladen wurden. Die Idee war, eine Podiumsdiskussion zu veranstalten, bei der weniger über das Showgeschäft und das Leben der Schauspieler, als vielmehr über die Interessen der Zuschauer geredet werden sollte.

„Die Presseleute und die Schauspieler waren im gleichen Hotel untergebracht. Es war, als würden wir eine einzige große Pyjamaparty veranstalten", berichtet Irene Krause, die ebenfalls anwesend war. „Wir bestellten uns Pizza auf die Zimmer und sahen gemeinsam ‚Star Trek' im Fernsehen an. Die Leute schlenderten über die Flure, redeten miteinander, entspannten sich, es war einfach wunderbar."

Als es dann Zeit war, sich mit den Studenten zusammenzusetzen, wurden die Schauspieler, allen voran Luke, allerdings ausgesprochen sachlich und seriös. „Luke erwies sich als sehr eloquent. Er berichtete aus seinem Leben, über seine

Kindheit in Ohio, und er machte offenbar ungeheuren Eindruck auf die Kids."

Luke hatte mittlerweile eine ganze Reihe guter Freunde in New York, insbesondere unter den Schauspielern aus dem „soap opera circuit". Zum Beispiel Richard Grieco, A. Martinez und Christian Slater. Sogar mit Ian Ziering verband ihn am Ende so etwas wie ein freundschaftliches Verhältnis. Ian hatte übrigens die Rolle, auf die sie sich beide gemeinsam beworben hatten, auch nicht bekommen, sondern war wieder bei der Serie „The Guiding Light" gelandet. Damals konnten die beiden natürlich nicht ahnen, daß sie eines Tages in einer der populärsten Jugendserien gemeinsam vor der Kamera stehen würden.

Es gab noch jemanden im New York jener Tage, der in Lukes Schauspielerkarriere später eine Rolle spielen sollte: Gabrielle Carteris. Sie trat häufiger in der Serie „Another World" auf und traf Luke gelegentlich im Soap-Club.

Obwohl er nun einen gut bezahlten Job hatte, nahm Luke auch weiterhin Schauspielunterricht. Bald nach seiner Ankunft in New York zum Beispiel bei Bobby Lewis, bei dem schon Meryl Streep und Marlon Brando in die Lehre gegangen waren.

Während seiner „Loving"-Zeit drehte Luke auch seinen ersten Werbespot. Er konnte es einfach nicht ausschlagen, einen Spot für Levis-Jeans zu machen, in denen er fast seine ganze Kindheit verbracht hatte. Außerdem gefiel es ihm, zur besten Sendezeit im Fernsehen aufzutreten.

Doch Lukes schöne Zeit in New York sollte eines Tages zu Ende gehen, denn es ist nun einmal das Schicksal fast aller Soap-Opera-Charaktere, daß sie irgendwann aus der Serie verschwinden. Und so passierte es auch „Ned Bates", dem netten Jungen vom Lande.

Damit war Luke wieder in der gleichen Situation wie ein Jahr zuvor. Und es dauerte wieder einige Monate, bis er einen neuen Job hatte. „Ich war kurz davor, mal wieder Pleite zu machen. Und wem in New York das Geld ausgeht, der ist ernsthaft in Schwierigkeiten."

Auch wenn er deshalb ziemlich nervös wurde, war er fest entschlossen, nicht wieder irgendwelche Gelegenheitsjobs anzunehmen wie damals in Los Angeles. „Das hatte nichts damit zu tun, daß ich mir zu schade war, um als Kellner oder so zu arbeiten", erklärt Luke. „Es hatte mehr mit dem Gefühl zu tun: Hey, ich bin Schauspieler, und als Schauspieler werde ich arbeiten. Das kann ich, und dafür bin ich ausgebildet worden."

Er besuchte auch weiterhin regelmäßig seinen Unterricht und ging zu den jeweiligen Vorsprechterminen. Dann, irgendwann, kam wieder Bewegung in sein Berufsleben. Einmal durch die Rolle des Kenny in „Another World" und durch einige kleinere Jobs in mehreren Filmen.

Seine erste Bekanntschaft mit der Kinoleinwand

machte Luke mit „Terminal Bliss", einem Film, in dem er einen Typ namens John spielte. Lukes Verhältnis zu dieser Produktion ist eindeutig: „Ich haßte den Film. Es war ein scheußliches Machwerk."

Seine zweite Filmrolle hatte Luke in „Scorchers", bei dem sein ehemaliger Mentor aus Los Angeles, David Beard, Regie führte. Luke spielte den Ray LaPue, eine Figur, die er als einen „etwas abgedrehten Vagabunden" beschreibt. Die Stars des Films waren Faye Dunaway, James Earl Jones und Emily Lloyd. Diesmal waren die Erfahrungen durchweg positiv. Luke lernte in dieser Zeit eine Menge. („Scorchers" kam vor kurzem in einer begrenzten Zahl von Kopien in die Kinos.)

Dennoch, ohne einen festen Job war das Leben in New York für Luke nicht mehr dasselbe. Er wurde zunehmend unruhig, und im Grunde seines Herzens wußte er, daß es Zeit war, nach Los Angeles zurückzukehren.

Damals tauchten die ersten Gerüchte über eine neue Aaron-Spelling-Fernsehproduktion auf, weshalb Lukes Agent in Los Angeles schon ganz aufgeregt war. Er hatte Luke gegenüber angedeutet, daß vielleicht ein Wunder drin sei und er New York möglicherweise mit einer neuen Perspektive verlassen könnte.

Dabei hatte Luke gar keine große Lust, New York den Rücken zu kehren. Heute sagt er über seine Zeit dort: „Ich bin dort zum Schauspieler gereift. Es herrscht eine derart harte Konkurrenz in dieser Stadt, daß man einfach verdammt gut sein muß, um es zu etwas zu bringen."

Und Luke war in der Tat „verdammt gut" geworden — und noch immer, so sagt er, gehört ein Teil in seinem Herzen dieser Stadt.

7

Eine neue Postleitzahl

Der Beginn des Jahres 1990 war für Luke wieder einmal frustrierend. Einem Journalisten erzählte er einmal: „Ich hatte in dieser Zeit Probeaufnahmen bei vermutlich jeder großen Produktionsfirma. Mehrmals war ich kurz davor, eine Rolle in einer der großen Serien zu bekommen. Immer bin ich im letzten Moment gescheitert. Na ja, und dann kreuzte ich die Wege von Aaron Spelling."

Das Verrückte an der Geschichte ist, daß die Rolle des Dylan McKay, die Luke in BEVERLY HILLS, 90210 spielt, im ursprünglichen Skript der Serie gar nicht vorgesehen war. Noch bei der Produktion des Pilotfilms waren alle der Meinung, daß die Serie bereits eine ausreichende Anzahl Charaktere habe — ein weiterer würde das Ganze nur unübersichtlich machen.

Aber nachdem der Film fertiggestellt war und unter dem Titel „Hollywood Highschool" gesendet werden sollte, waren die Produzenten und Autoren plötzlich alle der Meinung, daß der Serie doch etwas fehlte. Der männliche Star, Brandon, — gespielt von Jason Priestley — war einfach eine Spur zu smart, zu nett und zu integrativ. Die Serie brauchte noch einen Gegenpart, einen undurchschaubaren, rebellischen und nachdenklichen Charakter, um der ganzen Geschichte etwas mehr Pepp zu verleihen. Das war die Geburtsstunde des Dylan McKay.

„Wir suchten nach einem James-Dean-Charakter", erläuterte der Produzent Aaron Spelling. „Nach einer Figur, die aufgrund ihrer Geschichte Brüche in sich trägt, eckig ist. Jemand der Sensibilität und Aufmerksamkeit mit Unbeherrschtheit und gelegentlich sogar Gewalttätigkeit verbinden konnte." Fünfzig junge Schauspieler kamen in die Endauswahl für die Besetzung der Rolle des Dylan. Aber in dem Moment, in dem Luke in der Tür erschien, war die Sache für die anderen 49 gelaufen. Denn Aaron Spelling genügte nur ein einziger Blick, um zu wissen: „Das ist unser Dylan McKay."

Luke selber war sich da offenbar gar nicht so sicher. Als ihm die Rolle angeboten wurde, „machte er uns ziemlich deutlich klar, daß er nicht bereit sei, so einen typischen Highschoolrowdy zu spielen". Daraufhin gab es eine ausführliche Besprechung mit den Produzenten, die ihm die vielfältigen Seiten der Figur erläuterten. Danach, so Luke, „war ich sehr angetan, ja begeistert von der Rolle".

Nachdem er das Skript bekommen und sich etwas in die Figur hineingedacht hatte, stellte Luke fest, daß Dylan einiges von dem verkörpert, was er selbst bewundert: „Dylan hat einen sehr durchdringenden Intellekt, und er besitzt schon ein großes Maß an Menschenkenntnis." Und er fügt hinzu: „Dylan ist seinem Alter weit voraus. Er gehört zu den wenigen jungen Leuten, die mit siebzehn schon den Eindruck eines Mitzwanzigers erwecken, sehr belesen und sehr eloquent."

Aber es gibt auch noch andere Seiten, die Luke an seiner Rolle wichtig sind. „Was mir an Dylan McKay auch sehr gefallen hat, ist die Tatsache, daß er konsequent den Versuchungen des Reichtums ausweicht. Zwar hat Dylan finanziell und materiell alles, was er sich nur wünschen kann, aber trotzdem interessiert ihn der Lebensstil der Reichen nicht. Er lehnt Life-Style als Lebensinhalt total ab. Er steht mit beiden Beinen im Leben — und es scheint eher ein Zufall zu sein, daß es in Beverly Hills stattfindet."

Dylans soziale Position beschreibt Luke folgendermaßen: „Dylan ist nicht deshalb ein Außenseiter, weil er viele Menschen ablehnt oder sie ihn ablehnen. Seine Außenseiterstellung hat etwas mit seinem Blick auf die Menschen zu tun. Er sucht in ihnen nach anderen Qualitäten als die meisten anderen Beverly-Hills-Kids. Dylan hat sein Leben in dieser Umgebung verbracht und weiß deshalb, wie hohl es sein kann. Das ist auch der Grund, warum er sich doch recht gut mit Brandon versteht, denn der ist auch nicht uneingeschränkt begeistert von Beverly Hills.

Beide, Dylan und Brandon, wissen, daß der Glamour dieser Stadt täuscht."

Als Luke zu Beginn der Dreharbeiten einmal gebeten wurde, einen Vergleich zwischen sich und Dylan anzustellen, meinte er: „Eigentlich haben wir außer meinem Körper nicht viel gemeinsam. Wir tragen nicht dieselben Klamotten und fahren leider auch nicht den gleichen Wagen. Ich bin nicht im Reichtum aufgewachsen. Ich hatte nie viel Geld in meiner Jugend. Und ich bin eigentlich auch nicht ein sonderlich zorniger oder rebellischer Typ, sondern eher fröhlich und zufrieden. Aber tief drinnen, wer weiß", fügte er dann mit einem Schmunzeln hinzu.

Und ein wenig später, nachdem er die Rolle schon einige Zeit gespielt hatte, meinte er: „Eine Sache, die mich an der Figur Dylan ganz besonders gereizt hat, ist, daß er eigentlich ein Intellektueller ist. Sehen Sie, ich bin das nun wirklich nicht, aber vielleicht halte ich es für eine sehr beneidenswerte Qualität. Wenn es etwas gibt, worum ich einige Leute beneide, dann ist es Intelligenz. Ich hatte nie zuvor die Chance, eine Figur von so bestechender Intelligenz zu spielen."

Schließlich fand Luke sogar einige Ähnlichkeiten. „Wir sind beide eher nonkonformistische Typen. Das führt bei Dylan dazu, daß er seine eigenen Wege geht. Er ist eher ein einsamer Einzelgänger, kein Opportunist. Dabei glaubt er keineswegs, etwas Besseres zu sein. Sein Denken verläuft einfach in anderen Bahnen als bei den meisten anderen Menschen."

Mit der Zeit begann Luke, sich immer mehr mit seiner Bildschirm-Rolle zu identifizieren; was vielleicht auch eine Art gegenseitiger Annäherung war: „Manchmal, wenn ich ein neues Skript bekomme und viel von mir selbst darin entdecke, muß ich mich schon sehr anstrengen, um mein eigenes alltägliches Leben vom Leben des Dylan McKay zu trennen."

BEVERLY HILLS, 90210 hatte in den USA am 4. Oktober 1990 Premiere. Dylan McKay wurde jedoch erst in der zweiten Folge eingeführt. Das war am 11. Oktober, an Luke Perrys Geburtstag. Kein schlechtes Omen.

Als Luke bei BEVERLY HILLS, 90210 einstieg, fühlte er sich noch ziemlich unsicher. Im Vergleich mit den anderen Schauspielern — Jason, Shannen, Gabrielle, Ian und sogar dem jungen Brian — war er unerfahren. Und er hatte den Eindruck, daß die Dreharbeiten für die anderen fast so eine Art Spaziergang war, während ihn jede Szene vor ernsthafte Schwierigkeiten zu stellen schien.

Das erste Treffen mit der gesamten Besetzung in der Villa von Aaron Spelling lief ziemlich verkrampft ab. Und Lukes Beziehung zu den anderen blieb verkrampft, bis Gabrielle einige Wochen später die ganze Crew zu einem Dinner einlud.

Gerade, als sich Luke mit seiner Rolle anzufreunden begann, wurde die Serie plötzlich wahnsinnig populär. Auch Luke wurde auf einmal mit Fanpost geradezu überschüttet und konnte sich vor Interviewanfragen kaum noch retten. Bislang hat er das alles gut verkraftet. Erst kürzlich meinte er verschmitzt: „Ich liebe es, den Dylan zu spielen. Er übertrifft meine bisherigen anderen Rollen bei weitem. Und seinen Lebensunterhalt damit zu verdienen, daß man hübsche Mädchen küßt, ist auch nicht das Schlechteste."

Luke hat natürlich längst eine Menge Anerkennung geerntet, nachdem ihn BEVERLY HILLS, 90210 auf den besten Sendeplatz katapultiert hat. Auch er selbst glaubt, „daß es gegenwärtig die vielleicht beste Serie im Fernsehen ist", obwohl er weiß, „daß es natürlich unmöglich ist, das Leben und die Probleme von Teenagern heute hundertprozentig und authentisch wiederzugeben — abgesehen davon, daß so ein Versuch die amerikanische Fernsehzensur nicht überstehen würde." Aber BEVERLY HILLS, 90210 komme der Realität, wie er meint, schon sehr nahe.

„Ich kenne eine Reihe von Teenager-Beziehungen, in denen man vernünftiger und verantwortungsvoller miteinander umgeht, als das viele Leute um die 30 tun. Und ich halte es für sehr wichtig, daß Erwachsene das sehen. Vielleicht hilft die Serie ja dabei." Und Luke ergänzt: „Wenn die Serie anderswo spielen würde, käm das wahrscheinlich lange nicht so gut rüber. Beverly Hills ist

eben ein ganz spezieller Ort in unserer Gesellschaft, und das zieht natürlich viele Zuschauer an."

Am Ende der ersten Staffel war BEVERLY HILLS,
90210 bereits die erfolgreichste Serie, die Fox-TV
jemals produziert hatte. Kein Wunder, daß das
öffentliche Interesse immer größer wurde.

8

Hinter den Kulissen

Trotz des Titels wird BEVERLY HILLS, 90210 nicht in Beverly Hills gedreht. Die Außenaufnahmen stammen zum großen Teil von der Torrence Highschool im Orange County südlich von Los Angeles. Und die meisten Innenaufnahmen werden in drei zu Studios umgebauten Lagerhäusern in Van Nuys im San Fernando Valley gedreht. Die sind allerdings ausgesprochen schwer zu finden, denn es existieren keine Hinweisschilder, und die Häuser ähneln vielen anderen Lagerhäusern der Gegend. Aber es gibt auch noch andere Drehorte. Zum Beispiel den Strand von Santa Monica, an dem viele der Sommerszenen im „Beverly-Hills-Beach-Club" entstanden.

Am Anfang war die Crew von BEVERLY HILLS, 90210 noch sehr entspannt und offen. Freunde und Verwandte der Schauspieler waren stets gern gesehene Gäste bei den Dreharbeiten, ebenso die Presse. Das hat sich mit der unglaublichen Popularität der Serie logischerweise geändert. Eines Tages mußten die Tore sogar ganz geschlossen werden, damit die Drehorte von Fans und Schaulustigen nicht überschwemmt wurden. Wenn man trotzdem einmal über die Mauer schielt, bietet sich einem häufig das folgende Bild: ein inzwischen gar nicht mehr unsicherer, sondern sehr relaxter Luke Perry, der hinter den Bühnen und Kulissen umherstreunt, oft mit nacktem Oberkörper und Basketball.

Trotz der vielen Legenden und Gerüchte über Unstimmigkeiten unter den Schauspielern und Produzenten, geht es bei den Dreharbeiten von 90210 nach wie vor sehr locker zu. Es wird gescherzt, gelacht, man zieht sich gegenseitig auf und manchmal wird auch einfach nur herumgetrödelt. Lukes Humor neigt dabei immer ein wenig zur Selbstironie. Wenn er zum Beispiel mit nacktem Oberkörper auftritt, kann er sich Kommentare über „meine hocherotische Bodybuilder-Figur" oder den „mächtigen Schatten meines Körpers" einfach nicht verkneifen.

Nur wenige Mitglieder der Truppe kannten sich schon vor Beginn der Serie. Jason und Jennie waren gemeinsam in der Disney-Filmproduktion „Teen Angel" aufgetreten. Luke hatte Jason in der Serie „Sister Kate" gesehen, ihn aber nie persönlich getroffen; ebensowenig Tori, Brian oder Shannen. Nur Gabrielle und Ian kannte er bereits aus New York, auch wenn sie dort nicht viel miteinander zu tun gehabt hatten. Aber es gab immerhin eine Gemeinsamkeit.

Es dauerte allerdings nicht lange, bis Luke zu eigentlich allen seinen Kollegen freundschaftliche Beziehungen geknüpft hatte. Und wie in seinen Highschooltagen in Fredericktown würde er wohl auch heute noch die Auszeichnung „Charmeur des Jahres" erhalten.

Hinter den Kulissen geht es manchmal ziemlich wild zu. „Da passieren bei den Proben einfach die witzigsten Sachen", erzählt Luke. Aber das allgemeine Herumgealbere wird von der noch sehr jungen Aufnahmecrew toleriert.

Jeder hat inzwischen so seine Marotten und Eigenheiten entwickelt. Jason zum Beispiel trifft man eigentlich nie ohne seinen Game-Boy an; Brian bringt manchmal eine Wasserpistole mit zu den Proben und geht jedermann damit auf die Nerven; Jennie Garth muß immer ihre Hände beschäftigen, weshalb sie in den Drehpausen meistens strickt. Shannen ißt regelmäßig einen Cheeseburger zum Lunch; Ian nutzt jede freie Minute, um an irgendwelchen selbstverfaßten Texten herumzufeilen; Gabrielle ist eigentlich immer mit Lesen beschäftigt, wenn sie nicht gerade vor der Kamera steht. Und Tori Spelling dokumentiert alles mit ihrer Videokamera.

Und Luke? Luke ist eher der integrative Typ, der jeden besucht und überall mal vorbeischaut, beim Aufnahmeteam ebenso wie bei den Schauspielern.

Trotz der insgesamt lockeren, fröhlichen Atmosphäre gibt es natürlich auch Momente, in denen Spannungen entstehen. „Ich glaube, das ist normal, wenn man eine wöchentliche Serie produzieren muß", meint Luke. „Aber solche Streß-Situationen sind nicht so schlimm. Wir kommen eigentlich alle gut miteinander aus. Nur ganz selten gibt es richtige Auseinandersetzungen. Im Grunde haben die Dreharbeiten etwas von einem Happening. Mir jedenfalls macht es immer noch Spaß, zur Arbeit zu gehen, und das ist für mich das Wichtigste."

Einige Mitglieder der Crew tauchen sogar an ihren freien Tagen am Drehort auf, um zu sehen, wie es läuft. Lukes Garderobe soll übrigens (wie die der anderen auch) die Größe eines Wandschranks haben. Er hat sie dekoriert mit Postern von Debbie Gibson und einer Reihe von T-Shirts. Auf dem Fußboden stehen jede Menge Waschkörbe, alle voller Fanpost.

Es gibt auch so etwas wie eine richtige Männergemeinschaft unter den Jungs von BEVERLY HILLS, 90210. Sie pflegen ihre Männerrituale und machen andauernd Pläne für typische Unternehmungen wie Skeet-Schießen, Bungee-Jumping, Camping-Touren und dergleichen.

Aus der Garderobe von Brian Green tönt fast immer Musik. Und immer wieder kann man beobachten, daß Leute, die daran vorbeikommen, anfangen, ein wenig zu swingen.

Natürlich gibt es auch innerhalb der Besetzung Gruppen. Die wirkliche ‚In-Group' besteht aus Jason, Luke, Ian, Gabrielle und Jennie. Shannen und Tori haben sich etwas abgesondert, während Brian zwischen beiden Cliquen pendelt.

Doch von allen Schauspielern ist Jason derjenige, dem Luke am nächsten steht. „Wir sind uns in manchen Dingen ziemlich ähnlich", verrät Luke und meint damit vor allem ihre Einstellung zur Serie. „Unser Programm lautet ungefähr so: ‚Sei dir immer klar darüber, was du tust und laß dir dabei nicht von anderen reinreden; hab Spaß dabei, und wenn es an der Zeit ist, tu deine Arbeit.'"

Luke hat einen ganzen Haufen Spitznamen für seinen Kumpel Jason. Sie reichen von Jay-Man über Jay-Bob bis hin zu Jay-Bird.

Und manchmal imitiert Luke seinen Freund auch. „Passen Sie auf, ich zeig Ihnen jetzt mal die typische Jason-Priestley-Pose", sagte er einmal zu einem Journalisten und mimte daraufhin einen ganz besonders kernigen Macho. Dazu witzelte er: „Es kommt manchmal vor, daß Jason und ich verwechselt werden, allerdings nur, wenn er einen ganz besonders guten Tag erwischt hat."

Dennoch hat Luke allerhöchsten Respekt vor Jasons schauspielerischem Können. „Jason ist ein absoluter Profi. Ein wirklich begabter Filmschauspieler – und der Film ist schließlich das Medium, in dem wir uns hier bewegen. Und was bei Jay, aber auch bei Shannen auffällt: sie beherrschen ihr Handwerk, sie haben die Technik drauf, die Schauspieltechnik."

Gemeinsam mit den anderen trifft Luke sich regelmäßig mit den Skriptautoren, um die Ideen und Pläne für die weiteren Episoden zu diskutieren. „Wir versuchen immer wieder, Erfahrungen aus unserem alltäglichen Leben einzubringen", erzählt Luke über diese Meetings. „Das heißt nicht, daß wir nun bestimmen: ‚Hey Mann, schreib mal ein Skript zu diesem oder jenem Thema!' sondern wir entwickeln gemeinsam Themen und Möglichkeiten der Darstellung." Wenn Luke dann erzählt, daß er manchmal nicht weiß, wie eine Story in der Serie weitergehen wird, so ist das keine Geheimniskrämerei. Keiner von den Schauspielern besitzt irgendwelche Informationen darüber, wie sich die Geschichten und Konstellationen in der Serie langfristig verändern und entwikkeln.

Lukes Lieblingsfoto, das von der Celebrity-Fotografin
Janet Macoska aufgenommen wurde.

(Copyright © 1991 by Janet Macoska)

Die Stars von *Beverly Hills, 90210.*

(Copyright © 1991 by Mark Sennet/People Weekly)

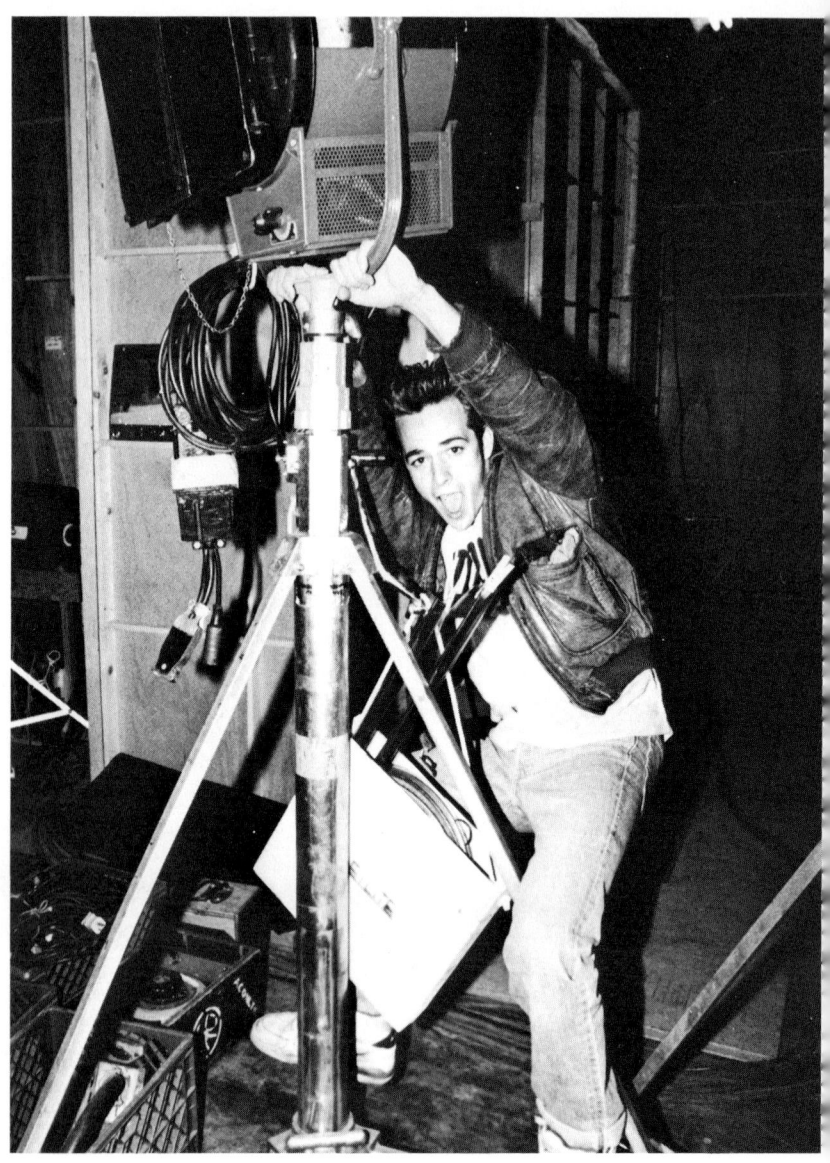

Spiele hinter der Kamera . . .

Luke genießt es, seine Fans zu treffen, Autogramme zu geben oder sich mit ihnen fotografieren zu lassen.

(Copyright © 1991 by Janet Macoska)

In Begleitung seines besten Freundes David Stewart besuchte Luke 1991 seine Heimatstadt in Ohio. Die beiden benutzten hierzu eine Limousine mit Chauffeur.

(Copyright © 1991 by Janet Macoska)

Am Set des „Peach Pit" mit der Produktionsassistentin
Cheryl Conway. Luke versteht sich mit allen Beteiligten
des *90210*-Teams hervorragend.

(Copyright © 1990 by Janet Macoska)

Luke hatte viele Jobs, bevor er zu *Beverly Hills, 90210*
kam. Kellner war er jedoch nie, wie man sieht!

(Copyright © 1990 by Janet Macoska)

Luke in einem *90210*-T-Shirt anläßlich eines Softball-
Matches zugunsten der T. J.-Martell-Stiftung.
(Copyright © 1991 by Alex Oliviera/DMI)

Luke und die junge Schauspielerin Soleil Moon Frye
(rechts), mit der er gut befreundet ist. Sie besuchte ihn
zusammen mit Maggie Wright, der Tochter des
NBC-Präsidenten Bob Wright, in seiner Garderobe am
Set von *Beverly Hills, 90210*.

(Copyright © 1991 by Sandra Peluce)

Luke und Soleil im Cockpit eines viersitzigen Flugzeuges,
das einem Freund des Schauspielers gehört.

(Copyright © 1991 by Sandra Peluce)

Luke hält den Kids der Beverly Hills Highschool einen Vortrag zum Thema „Sicherheitsgurt" – ein ihm wichtiges Anliegen, seit zwei seiner Schulfreunde bei einem Autounfall ums Leben kamen, weil sie sich nicht angeschnallt hatten.

(Copyright © 1991 by Allegra Kazemzadeh)

Luke als Tori Spellings Party-Begleiter anläßlich ihres
18. Geburtstags im Mai 1991.

(Copyright © 1991 by Michael Jacobs/MJP)

Ein Geburtstagsständchen für Tori. Brian Austin Green
scheint begeistert.
(Copyright © 1991 by Michael Jacobs/MJP)

Luke, der hier mit Tori eine heiße Sohle aufs Parkett legt,
ist ein ausgezeichneter Tänzer.

(Copyright © 1991 by Michael Jacobs/MJP)

Luke, Jason und Shannen als Präsentatoren-Trio
anläßlich der Emmy-Awards-Preisverleihung
im Jahre 1991.

(Copyright © 1991 by John Paschal/Celebrity Photo)

Der kleine Luke: blond, unbeschwert und offensichtlich
schon damals sehr charmant. Dieser Schnappschuß
wurde auch im Highschool-Jahrbuch veröffentlicht.

*(Copyright © 1991 by Janet Macoska/courtesy Fredericktown
mayor's office)*

Luke als Highschool-Student im Jahre 1983. Sein
Markenzeichen, die Narbe über der rechten Augenbraue,
war bereits vorhanden.

*(Copyright © 1991 by Janet Macoska/courtesy Fredericktown
mayor's office)*

Ein „Star-Porträt" aus Highschool-Tagen — mit Krawatte und Samt-Jackett.

DECA Students Train For Business Careers

DECA II members are Dave Stewart, Luke Perry, Damon Henwood, Kenny Jones, Steve Dalton, Larry Tomes, Jamie Schiavi, and Renee Peters.

The senior DECA members attend school for a half day and work at training stations for the remainder of the day. Students were placed at the following establishments:

Steve Dalton - Murphy's Mart

Stephanie Gossett-Ponderosa

Damon Henwood-True Value

Jamie Lepley-Fredericktown Pharmacy

Kenny Jones-Murphy's Mart

Luke Perry-Murphy's Mart

Renee Peters-Ponderosa

Jamie Schiavi-Harts

Dave Stewart-Harcourt Motel

Luke als DECA-Student (zweiter von links).

Luke (dritte Reihe, rechts) mit seinen besten Freunden
Dave Stewart (dritte Reihe, links) und Damon Henwood
(dritte Reihe, Mitte).

Lukes erster Auftritt vor Publikum als „Freddie Bird", das Schulmaskottchen.

(Copyright © 1991 by Janet Macoska/courtesy Fredericktown mayor's office)

Schulabschluß-Feier im Juni 1984. Auf dem Button
steht: „Born to Raise Hell" . . .
*(Copyright © 1991 by Janet Macoska/courtesy Fredericktown
mayor's office)*

Biggest Flirt
Luke Perry

Unter allen Schülern der Fredericktown-High-School-
Oberstufe wurde Luke 1984 zum „Biggest Flirt" ernannt.
P. S.: Diesen Titel verdient er noch immer!

*(Copyright © 1991 by Janet Macoska/courtesy Fredericktown
mayor's office)*

Gemeinsam mit Ian Ziering, Kassie Wesley und
A Martinez nahm Luke an der Promotion-Tour „Puttin' on
the Soaps" teil. Zu dieser Zeit spielte er in der
TV-Serie „Loving" den Ned Bates.

Eine Aufnahme aus Luke Perrys erstem Jahr in
New York.

(Copyright © 1987 by Robin Platzer)

Während eines Benefiz-Basketball-Spiels mit Kollegin Judith Hoag aus „Loving".

(Copyright © 1987 by Robin Platzer)

In New York war Luke mit Bill Timoney aus der Serie „All My Children" und Kollegin Lisa Peluso aus „Loving" befreundet.

(Copyright © 1987 by Robin Platzer)

Dieses Foto, das während einer Wohltätigkeits-
Veranstaltung entstand, zeigt Luke mit den beiden Jung-
Darstellern Doug Wert aus „One Life to Live" und
Christopher Durham aus „Ryan's Hope".

Anläßlich einer Werbeveranstaltung für ein neues
Rasierwasser posiert Luke mit Peter Love aus „Ryan's
Hope" und der Journalistin Irene S. Krause für die
Kamera.

(Copyright © 1987 by Robin Platzer)

Luke während einer Benefiz-Sportveranstaltung mit zwei
Schauspieler-Kollegen seiner Mannschaft.

(Copyright © 1987 by Robin Platzer)

Im Herbst 1990 wurde Luke Perry aus 50 Finalisten für
die Rolle des Dylan McKay in *Beverly Hills, 90210*
ausgewählt.

(Copyright © 1990 by Janet Macoska)

9

Der Hausmann

Nachdem Luke wieder nach Los Angeles gezogen war, mietete er sich zunächst ein kleines Dreizimmerapartment in einer nicht besonders begehrten Gegend von Hollywood. Schließlich hatte er in New York die Erfahrung gemacht, daß das Leben eines Schauspielers sehr unsicher sein kann, und deshalb wollte er nicht allzuviel Geld für die Miete ausgeben. Die neue Rolle mußte ja noch nicht bedeuten, daß er jetzt finanziell ausgesorgt hatte. Die Serie konnte ja ebensogut nach ein paar Wochen wieder abgesetzt werden. Daher ließ Luke erst einmal Vorsicht walten und teilte das Apartment zunächst sogar noch mit einem befreundeten Schauspieler.

In New York hatte der junge Schauspieler keinen Wagen gebraucht. In L.A. dagegen ist man ohne Auto völlig hilflos. Aber auch hier wollte Luke zunächst nicht viel Geld ausgeben. So kaufte er sich einen alten, blauen Pick-up, Baujahr 1981; einen Wagen also, wie er ihn vermutlich gefahren hätte, wenn er in Fredericktown geblieben wäre.

Es dauerte nicht lange, bis Luke sich wieder an das Leben in Los Angeles gewöhnt hatte und er sich in seinem neuen Heim richtig zu Hause fühlte.

Dort entspannt er sich nicht selten bei Musik. „Am liebsten mag ich Klaviermusik", erzählt er. „Mein absoluter Favorit ist Jerry Lee Lewis. Aber ich liebe auch den klassischen Rock von Billy Joel, Elton John oder Harry Connick. Und natürlich Blues, besonders B.B. King."

Wie schon in Kindertagen schaut Luke auch heute noch immer sehr viel Fernsehen. Sein Favorit ist — einmal abgesehen von BEVERLY HILLS, 90210 — die Spiel- und Quizshow „Jeopardy".

In seinen vier Wänden entwickelt er sich zuweilen auch zu einem richtigen Bastler und Tüftler. „Mir macht es einfach Spaß, Dinge auseinanderzubauen und zu sehen, wie sie funktionieren." Daß er handwerklich ziemlich begabt ist, zeigt sich zum Beispiel daran, daß er seinen gesamten Küchenfußboden selbst erneuert hat, und zwar mit schwarzen Marmorfliesen.

Und der Junge kann sogar kochen! Luke sagt selber von sich, daß er auf Dauer nicht gerne von mitgebrachten Pizzas oder Restaurant-Futter lebt. Er macht nicht nur ein ziemlich gutes Frühstück mit allem Drum und Dran, sondern auch seine Dinners sind, wie man hört, nicht zu verachten.

Zu Hause läuft Luke am liebsten ziemlich leger herum, das heißt vor allem in Jeans und Turnschuhen. Seine beachtliche T-Shirt-Sammlung besteht zum größten Teil aus Geschenken. Meistens tragen sie den Aufdruck einer Rock-Band oder das Logo einer Kampagne, zum Beispiel gegen Drogen.

Der kleine goldene Ohrring, den Dylan am linken Ohr trägt, hat nichts mit der Rolle zu tun, er gehört zu Luke, und er nimmt ihn niemals ab.

Sogar Lukes Haustier hat inzwischen eine erstaunliche Popularität erreicht: Jerry Lee, ein schwarzes vietnamesisches Hängebauchschwein von inzwischen etwa viereinhalb Jahren, ist ein Geburtstagsgeschenk aus dem Jahr 1990. Allerdings hat Luke bis heute nicht verraten, von wem. „Von jemandem, der mich sehr gut kennt", sagt er dazu nur.

Jerry Lee stammt aus einer Schweinezucht in Pasadena, Kalifornien. Wenn man Luke auf sein Haustier anspricht, bekommt man die folgende Antwort: „Ich bin nicht der Typ für ein ganz gewöhnliches Haustier. Ich liebe eben ausgefallene und exotische Tiere wie Jerry Lee. Manchmal ist er schon ein richtiger Spinner, aber er ist sehr sauber und gut erzogen. Außerdem ist er ein sehr intelligentes Tier, das leicht an Haus oder Wohnung zu gewöhnen ist. Wenn man's genau nimmt, ist Jerry Lee schlauer als viele Menschen, die ich kenne, er ist einfach cool und sehr clever."

Von der Idee, Jerry Lee in der Serie auftreten zu lassen, ist Luke allerdings gar nicht begeistert. „Ich will nicht, daß mein Schwein ausgebeutet wird . . ." Dazu gehört auch, daß Luke sehr ablehnend reagiert, wenn man Jerry Lee photographieren will. Das Schwein sei glücklich in seinem Hinterhof, wo es auch sein Schweineklo hat. Es müsse nicht in die Zeitung, erklärt Luke jedem Reporter dazu.

Jerry Lee ist relativ klein – „ungefähr eineinhalb mal so groß wie ein Football", beschreibt ihn ein Freund von Luke. „Er ist so eine Art kleiner Puppenkönig." Jerry Lee bekommt ein ganz besonderes Futter, speziell gemischt für exotische Schweinerassen. Um es zu kaufen, muß Luke extra zu einer speziellen Tierhandlung fahren.

Manchmal kommt es sogar vor, daß Jerry Lee sich in Lukes Bett mogelt. „Dann schmusen die beiden richtig miteinander", wird berichtet.

Lukes Freunde wie auch die Crew von 90210 haben sich inzwischen daran gewöhnt, daß Jerry Lee häufig bei den Dreharbeiten dabei ist. „Manche von uns haben mittlerweile sogar aufgehört, Schweinefleisch zu essen", berichtet Brian Austin Green.

Seit bekannt geworden ist, daß Luke Perry ein Hängebauchschwein als Haustier hält, gilt es inzwischen bei vielen als chic, ein solches Haustier zu halten.

Nachdem sich herausgestellt hatte, daß BEVERLY HILLS, 90210 ein absoluter Hit ist, eine der erfolgreichsten Serien, die je gedreht wurden, fühlte sich Luke finanziell natürlich einigermaßen abgesichert. Er beschloß, sein Billigapartment aufzugeben und sich ein hübscheres Domizil zu suchen. Inzwischen wohnt er in einer geräumigen Wohnung in Studio City, einem Vorort von Los Angeles; nur einen Katzensprung entfernt von Ian Ziering und Gabrielle Carteris.

Außerdem hat Luke seinen alten Datsun Pick-up durch einen neuen fahrbaren Untersatz ersetzt. Das ist zwar auch „nur" ein allradgetriebener Pick-up, aber ein ganz neues, schickes Modell, von dem Luke völlig begeistert ist und den er besonders pflegt.

10

Luke privat – ein bißchen gefährlich . . .

"Ich brauche immer ein bißchen Aufregung in meinem Leben", hat Luke einmal gestanden. „In meiner Freizeit liebe ich deshalb auch den Nervenkitzel. Ich bin jemand, der eigentlich keine Angst vor neuen und unbekannten Dingen hat. Ich habe einfach den unwiderstehlichen Drang, immer wieder Neues zu probieren."

Das war nicht einfach nur so dahergesagt. Wenn Luke auch wenig Zeit hat, seine Abenteuerlust auszuleben, so versucht er es doch so oft wie möglich, zumindest am Wochenende.

Er ist immer schon ein sehr aktiver Mensch gewesen, der auch alle möglichen Arten von Sport getrieben hat. Jetzt sind das Basketball, Tennis, Fechten und manchmal sogar Turnen. Irgend jemand hat ihn sogar mal als einen „von diesen ganz verrückten Fallschirmspringern" beschrieben. Skeet-Schießen zum Beispiel erinnert Luke immer an seine Kindheit. Er liebt diesen Sport und hat inzwischen auch Ian Ziering und Jason Priestley und eine Reihe anderer Freunde dazu gebracht, ihn gelegentlich zu begleiten.

Wenn Luke das Verlangen nach Geschwindigkeit überkommt, fährt er raus zu einer der Stock-Car-Rennstrecken und dreht einige Runden auf einer Motocrossmaschine. Motocrossrennen gehört nämlich ebenfalls zu den nicht ganz ungefährlichen Leidenschaften des Luke Perry.

Luke ist ein guter Motorradfahrer. Daher fährt er oft mit seiner Maschine zur Arbeit. Gelegentlich benutzt er sie aber auch für verdammt gefährliche Stunts. So ist er einmal mit seinem Bike über zwei nebeneinander geparkte VW-Käfer gesprungen.

Wenn es ihm gelingt, mehrere Tage hintereinander freizubekommen und ihm der Großstadtlärm und der Smog auf die Nerven gehen, dann gibt es für ihn nichts Schöneres, als seinen Schlafsack, seinen Rucksack und die Angel auf seinen Pick-up zu werfen und einen spontanen Campingtrip zu unternehmen. Damals in Ohio war der Clearfork Lake sein bevorzugtes Ziel für solche Ausflüge. Aber leider reicht die Zeit dafür nur selten. Manchmal muß ein kurzer Trip in die Wüste genügen, um für ein paar Stunden auszuspannen und sich zu erholen.

Dylan McKays Lieblingssport ist natürlich, wie es sich für ein Beverly-Hills-Kid gehört, das Surfen. Wenn man allerdings wie Luke aus Ohio stammt, hat man verständlicherweise wenig Übung darin. Seitdem er sich aber mehr oder weniger in Los Angeles niedergelassen hat, hat er seine Technik ziemlich verbessert. „Ich bin nicht besonders gut im Surfen", meint er, „aber ich arbeite dran."

79

Es gibt eigentlich nur eine Sportart, mit der sich Luke nie so recht anfreunden konnte, und das ist Laufen. Wenngleich er große Hochachtung vor Marathonläufern hat. „Das ist echter Wahnsinn, ich könnte das nie durchhalten."

Lukes neuestes Hobby ist die Fliegerei. Einer seiner Freunde besitzt ein kleines, viersitziges Flugzeug und hatte Luke monatelang mit dem Vorschlag genervt, gemeinsam ein paar Runden zu drehen. Schließlich willigte Luke ein, und damit war eine neue Leidenschaft geboren. Soleil Moon Frye, eine langjährige Freundin von Luke, erzählt, daß „er ganz besessen davon ist. Er liebt die Fliegerei wirklich und ist dabei sehr vorsichtig und umsichtig." Bis jetzt hat er noch keinen Flug allein ohne Lehrer gemacht und auch keinen wirklich langen. Der längste bisher nach Catalina, einer kleinen Insel vor der kalifornischen Küste.

Zu Lukes bekanntesten Wahnsinnstaten gehört zweifellos das Bungee-Jumping, das er gemeinsam mit seinem Kollegen Jason Priestley betreibt. Dieser Sport ist seit kurzem nicht nur in Kalifornien wahnsinnig populär. Jason und Luke sind allerdings bereits gesprungen, bevor Bungee-Jumping zur großen Mode für diejenigen geworden ist, die auf der Suche nach immer neuem Nervenkitzel sind.

Vor einem Sprung läßt man sich an das Ende eines elastischen Taues binden, und zwar mit einer Art Klettergeschirr. Das andere Ende wird gewöhnlich an einer Brücke befestigt. Unter sehr strenger Kontrolle und Aufsicht springt man dann von der Brücke und pendelt wie an einem Gummiband. Danach wird der Springer langsam in ein wartendes Boot hinuntergelassen und vom Band geschnallt. Für Luke ist Bungee-Jumping wirklich das Größte; obwohl oder vielleicht gerade weil ihm jedesmal der kalte Schweiß ausbricht.

Daß Luke kein Nachtschwärmer ist, kann man sich jetzt sicher vorstellen. Bei den vielen Aktivitäten ist er nur selten in der Stimmung, sich abends auch noch in der Party- und Clubszene Hollywoods herumzutreiben. Es bedeutet Luke zudem nichts, bei irgendwelchen gesellschaftlichen Anlässen gesehen zu werden. Er vertreibt sich die Abendstunden am liebsten zu Hause. Dort kann man ihn nach Einbruch der Dunkelheit eigentlich immer antreffen.

11

Luke und die Frauen

Etwas hat sich in den letzten Jahren nicht geändert und wird sich wohl auch niemals ändern — Luke ist ein Liebling der Frauen.

Vielleicht, weil er mit zwei Schwestern aufgewachsen ist, hat Luke sich in Gesellschaft des weiblichen Geschlechts immer sehr wohl gefühlt. Außerdem hat er auch ein sehr enges und vertrautes Verhältnis zu seiner Mutter.

Und weil er dazu auch noch eine sehr offene und natürliche Art hat, bereitete es ihm niemals Schwierigkeiten, mit Leuten in Kontakt zu kommen und speziell Frauen gegenüber seinen natürlichen Charme spielen zu lassen. Da ist er weder scheu noch unsicher.

Im Gegenteil, er liebt es zu flirten, ohne dabei allerdings aufdringlich oder unangenehm zu werden. Eine Sache, die Frauen an Luke vermutlich besonders schätzen, ist seine Fähigkeit, bei Gesprächen wirklich zuzuhören und nicht einfach ein Smalltalkprogramm abzuspulen. Er respektiert und achtet, was andere zu sagen haben. Anders als viele Schauspieler, die den Ruf haben, egozentrisch und selbstverliebt zu sein, stellt Luke seine Person nicht in den Mittelpunkt.

Erstaunlicherweise hatte Luke vor seiner Zeit in New York trotzdem nie eine feste Freundin.

Vielleicht, weil er ein Verfechter der Liebe auf den ersten oder spätestens auf den zweiten Blick ist? Luke beschreibt eine solche Begegnung in New York, die prompt zu einer längeren Beziehung geführt hat: „Das erste Mal sah ich sie in einem Fahrstuhl. Das zweite Mal traf ich sie, als sie aus einem Haus in der 86ten Straße herauskam. Sie dreht sich zu mir um, und ich war wie vom Blitz getroffen. Ich wußte nicht, wie es geschah, aber ich war verliebt."

Er sollte das Mädchen schon bald wiedersehen. Yasmine Bleeth war eine wirkliche Schönheit mit kastanienbraunem Haar. Als Luke bei „Loving" einstieg, hatte sie schon zwei Jahre lang die Rolle der „Ryan Fenelli" in der Soap Opera „Ryan's Hope" gespielt. Die beiden Serien wurden im gleichen Gebäudekomplex in der 66ten Straße im Westen New Yorks gedreht. Yasmine war für einige Zeit mit Grant Show aus „Melrose Place" befreundet gewesen, aber das war bereits zu Ende, als sie Luke kennenlernte. Abgesehen davon, daß Luke und Yasmine beide Anfang zwanzig und beide Schauspieler in einer Soap-Opera-Produktion waren, schien es zunächst, als hätten sie nur wenig gemeinsam.

Denn schon im Alter von sechs Monaten hatte die blauäugige Yasmine, die in New York City geboren wurde, ihre professionelle Karriere als

Model begonnen. Später arbeitete sie als Kinder-model in den USA, in Europa und in Südamerika, wo sie auch ein Jahr lang gelebt hat. Kurz gesagt: Yasmine war welterfahren und sprach fließend Französisch, Spanisch und Portugiesisch. Luke dagegen, mit seiner Kindheit im Farmland Ohio . . .

Ihre erste Filmrolle bekam Yasmine schon mit 12, in einem Alter, in dem sie bereits große natio-nale Werbespots für Coca Cola und Taco Bell gedreht hatte.

Und dennoch, die beiden verliebten sich ineinan-der. Luke dazu: „Ich war selber erstaunt darüber, wie sehr ich einen Menschen lieben konnte." Yas-mine und Luke sind beide sportbegeistert. Yas-mine fährt besonders gerne Ski, sie taucht, reitet und geht Surfen.

Die beiden erzählen wenig über ihre Beziehung. Auch wenn sie sich kurz vor Lukes Rückkehr nach L.A. getrennt haben – Yasmine hat inzwischen eine neue Rolle in „One Life to Live" –, war es für ihn doch sehr schwierig, sie ganz loszulassen.

Danach dauerte es ziemlich lange, bis er seine Gefühle wieder im Griff hatte. Luke meinte sicher Yasmine, als er einmal einem Reporter erklärte: „Ich habe mich dann in dieses Mädchen verliebt und habe mit ihr einige Jahre gemeinsam verlebt. Das war bislang die Beziehung meines Lebens, und es ist noch nicht so lange her . . . es beschäf-tigt mich noch immer."

Keine Frage, die Mädchen oder Frauen verlieben

sich schneller in Luke als umgekehrt, und das führt nicht selten dazu, daß manche von ihnen eifersüchtig und neidisch reagieren. Ein Beispiel: Als BEVERLY HILLS, 90210 anlief, wurde eine Menge PR-Arbeit geleistet. Es gab reihenweise Interviews und Pressekonferenzen, um die Aufmerksamkeit auf die neue Serie zu lenken. Dann plötzlich schien es, als würde Luke bei den Interviews und den Fototerminen bevorzugt. Offenbar gab es einige Leute, denen das überhaupt nicht gefiel. Und so wurde das Gerücht in die Welt gesetzt, daß sich eine Mitarbeiterin, die man für die Öffentlichkeitsarbeit engagiert hatte, in Luke verguckt hätte. Niemand wußte, ob das in irgendeiner Weise auf Gegenseitigkeit beruhte, aber alle waren sich auf einmal einig: „Die ist in ihn verknallt, und deshalb bekommt er eine Vorzugsbehandlung!"

Gerade wegen Lukes permanent steigender Popularität bei den weiblichen Zuschauern von BEVERLY HILLS, 90210 gehört Shannen Doherty vermutlich zu den am meisten beneideten Frauen der Welt. Sie spielt in der Serie Dylan McKays Freundin. Und das trotz aller Kräche, Beinahe-Trennungen und Schwierigkeiten der beiden. Gibt es auch eine Romanze abseits der Kamera? Nein! Shannen bemerkt dazu, daß sie Luke zwar sehr attraktiv finde, „aber er ist mehr so etwas wie ein Bruder für mich."

In der Tat ist Luke der Typ Mann, der zu einer Frau durchaus eine Freundschaft unterhalten kann, ohne daraus gleich eine Liebesbeziehung zu machen. Zu diesen Freundinnen gehört auch die junge Soleil Moon Frye, die gerade erst sechzehn ist. Die zwei haben sich bei irgendeiner Wohltätigkeitsveranstaltung kennengelernt und treffen sich seitdem regelmäßig. Wie Soleil erzählt, ruft Luke sie von Zeit zu Zeit an oder lädt sie ein, einen Tag mit ihm zu verbringen. Sie war übrigens auch dabei, als Luke zur Insel Catalina flog. Für Soleil ist er ein richtig guter Kumpel, auf den man sich auch in schlechten Zeiten verlassen kann.

„Außerdem ist Luke sehr unkompliziert und gastfreundlich", erzählt sie. Wenn sie eine Freundin mit zu den Dreharbeiten bringt, arrangiert Luke etwas für sie. Erst kürzlich war das so. „Luke hat sie ausgesprochen zuvorkommend behandelt", hat mit den beiden vor der Kamera posiert und eine komplette Führung zu den Drehorten organisiert.

Im Mai 1991 feierte Tori Spelling ihren achtzehnten Geburtstag in einem der edlen Hollywood-Clubs. Hunderte von Leuten hatte sie eingeladen, nur für sich die männliche Begleitung vergessen. Und bei einem ihrer Vorbereitungstelefonate fragte sie dann Luke auf einmal: „Und wen bringst du mit zur Party?" Als Luke erklärte, daß er niemanden habe, kamen sie überein, gemeinsam bei Toris Party aufzutreten, einfach als Freunde. Und obwohl er erst sehr spät auftauchte — er und Jason hatten zuvor noch eine Wohltätigkeitsveranstaltung absolvieren müssen —, war er doch dann der aufmerksamste Kavalier, den man sich vorstellen kann. Er tanzte mit Tori, half ihr, die Geburtstagskerzen auszublasen und schenkte ihr wunderbar ausgefallene Ohrringe.

Seitdem hat sich anscheinend auch zwischen Luke und Tori eine herzliche Freundschaft entwickelt. Es ging sogar eine Zeitlang das Gerücht um, daß die beiden mehr miteinander verbinde. Aber das ist weder von Tori noch von Luke bestätigt worden.

Die stereotype Antwort, die man damals von Luke erhielt, war: „Es gibt in meinem Leben momentan keinen besonderen Menschen."

Und eine andere Antwort, die er auf Lager hatte, lautete: „Ich sondiere das Feld sehr sorgfältig, okay?"

Das tut er in der Tat, auch wenn er zwischenzeitlich ein bißchen in die Schauspielerin Linda Hamilton verliebt war. Allerdings hat er Linda nie näher kennengelernt. Er war einfach überwältigt von ihrer Schönheit, nachdem er sie in dem Film „Terminator 2" gesehen hatte.

Eigentlich mag Luke fast alle Mädchen. Aber es gibt auch einige wenige Dinge, die ihn abstoßen: zum Beispiel Oberflächlichkeit. „Ich hasse — oder besser — ich bemitleide Leute, die glauben, die wichtigen Fragen im Leben seien von der Art wie: ‚Soll ich nun dieses Paar Schuhe kaufen oder jenes?' Hollywood ist voller Menschen, denen ihr

Outfit und das Label auf den Klamotten das Wichtigste auf der Welt ist."

Das, was Luke mag und was seine Neugier weckt, überwiegt allerdings bei weitem. Wie Luke vor noch nicht allzu langer Zeit einem Reporter gestand, ziehen ihn „Frauen mit wohlproportionierten Rundungen an. Mir gefallen Frauen nicht, die so schlank sind, daß man die Rippen zählen kann. Vielleicht kommt das daher, weil ich selber so dünn bin. Ich bin einfach dünn genug für zwei!"

Intelligenz ist aber das allerwichtigste Kriterium, nach dem Luke die anderen beurteilt. Neidlos bewundert er Menschen, die clever, intelligent und schlagfertig sind. Das gilt für ihn im übrigen für beide Geschlechter.

Außerdem gehört für ihn ganz oben auf die Liste: gemeinsame Interessen. Eine Frau, die natürlich ist, „mit beiden Beinen im Leben steht und die Spaß am Leben hat", wäre jederzeit eine heiße Kandidatin. Es gefällt ihm aber auch, wenn jemand ganz andere, sehr eigene Interessen hat.

Für Luke kann zu einem richtig gelungenen Date auch gehören, daß man zu Hause bleibt, ein gutes Dinner zubereitet — schließlich ist er ein ausgezeichneter Koch — und einen schönen Film anschaut, zum Beispiel „Cool Hand Luke", auch wenn er den schon hundertmal gesehen hat. Sollte er einmal eine Verabredung mit einem Mädchen haben, das diesen Film nicht kennt, wird es vermutlich nicht lange dauern, bis sie ihn gesehen hat.

Zu Lukes Vorstellung von einem ganz besonderen Abend gehört auch eine Tour in die Wüste außerhalb von Los Angeles mit einem abschließenden kleinen Feuerwerk. Wer weiß, vielleicht läßt ein solches Feuerwerk mit seinem funkensprühenden Schein eines Tages auch den Funken zwischen Luke und einer Frau überspringen.

12

Wer ist Luke Perry wirklich?

Wer Luke Woche für Woche als verträumten Dylan McKay auf dem Bildschirm sieht und über ihn in Zeitschriften und Magazinen liest, bekommt ein ziemlich umfassendes Bild von ihm. Für seine Fans hier trotzdem noch ein paar weitere Fakten; zum Teil von Luke selbst preisgegeben oder mitgeteilt von jenen, die ihn gut kennen und ihre Zeit mit ihm verbringen.

Der wirkliche Luke Perry:

* ist eine markante Persönlichkeit
* hat eine sanfte Stimme
* trinkt kaum Alkohol
* flirtet gern
* nimmt seine Arbeit sehr ernst
* ist gelegentlich unsicher, insbesondere wenn es um die Qualität seiner Arbeit geht
* ist ein wenig gehemmt in unangenehmen Situationen
* spielt immer den Witzbold bei den Dreharbeiten
* ist sehr charmant und zurückhaltend
* reagiert allergisch auf Starrummel
* weist immer auch auf die anderen, wenn jemand versucht, ihn als Superstar im Serien-

ensemble herauszuheben. „Ich bin nur einer von zehn ständigen Schauspielern in der Serie", erklärt er immer wieder. „Man darf den Beitrag der anderen nicht geringer ansetzen. Ohne sie wäre der Erfolg nicht denkbar."

* sieht sich selbst immer noch als den „mageren Jungen aus Ohio"
* zieht sich noch immer genauso an, wie er es auch in Ohio getan hätte
* liebt Burger und Pommes frites und überhaupt die richtige amerikanische Küche
* ist ein Schauspieler, dem es am Anfang nichts ausgemacht hat, mit dem späten James Dean verglichen zu werden. „Ich denke, auf irgendeine Weise hat jeder, der ihn gesehen hat, sein Arbeit bewundert. Es ist eine echte Tragödie, daß er so früh sterben mußte."
* ist inzwischen von diesem Vergleich mit James Dean schon reichlich genervt. „Ich weiß nicht, vielleicht kommen die Leute immer wieder wegen meiner Frisur darauf. Ich würde es allerdings vorziehen, mit niemandem verglichen zu werden!"
* ist selbstlos
* und jemand, der genauso viele Fragen stellt wie beantwortet, wenn man ein Interview mit ihm macht
* ist ein Mensch, der in jeder Situation zu sagen versucht, was er denkt

* hat immer Bedenken, andere mit seiner Meinung zu bedrängen oder zu überfahren

* hat über sein Macho-Image folgendes gesagt: „Auch wenn ich gerne mal verrückte und wilde Dinge mache, bin ich ein ganz normaler Mensch, der seinen Spaß haben möchte. Ich liebe es, mit meinem Pick-up Touren in die Wüste zu machen, Angeln zu gehen und über offenem Feuer zu kochen."

* liebt Gefahr, Action und Spannung

* verliert nur ungern, und das in jeder Beziehung

* ist ein guter Beobachter: „In den meisten Situationen ziehe ich es vor, etwas abseits zu stehen und mir die Sache erst einmal in Ruhe anzuschauen und nicht die großen Reden zu schwingen. Man lernt so sehr viel mehr über die Menschen."

* glaubt, daß er ein recht witziger Kerl ist. „Ab und zu schauen mich die Leute an und fangen an zu lachen. Ich habe einfach gerne Spaß."

* ist ein Typ mit einem manchmal ziemlich schwarzen Humor. Als man ihn einmal ganz direkt fragte, ob er und Jason Priestley eigentlich Freunde seien, antwortete er, ohne eine Miene zu verziehen: „Nein, ich verprügele ihn eigentlich regelmäßig."

* ist gelegentlich ein wenig schnodderig. Als ein Reporter ihn einmal gefragt hat, wie er sich beschreiben würde, antwortete er einfach: „Ich würde nicht!"

* verweigert nicht nur sämtliche Drogen, sondern versucht auch andere vom Drogenkonsum abzuhalten. „Ich habe zu viele Menschen gesehen, die durch den Mißbrauch von
Drogen nach und nach vor die Hunde gegangen sind!"

* schätzt den Wert von Freundschaften.
„Meine Freunde sind mir das Wertvollste in
meinem Leben. Wirkliche Freundschaften
sind die, die Zeit und Veränderungen über-
dauern."

* freut sich, daß dies bei vielen seiner Freundschaften der Fall ist. Luke hat noch immer Kontakt zu seinen Freunden aus der Highschoolzeit,
zum Beispiel zu Damon Henwood, David Stewart und Chris Blackburn sowie zu Lori Brake,
der jetzigen Besitzerin von „Brake's Diary Corner", mit der Luke zusammen zur Schule gegangen ist.

* ist stolz auf seine Familie, gibt aber keine
Details aus seinem Familienleben preis. In vielen Interviews hat er sich sogar geweigert, Vor-
namen zu nennen. Er schlug den Journalisten
vor, einfach nur „Mam" und „Dad" zu schreiben.

* ist jemand mit einer ziemlich klaren Meinung zu
vielen Themen, ein Nonkonformist im positiv-
sten Sinne. Hier treffen sich übrigens Dylan
McKay und Luke Perry. „Wenn du den Drang
verspürst, deine Haltungen und Handlungen

zu erklären oder gar zu entschuldigen, dann bist du kein Nonkonformist mehr. Dann paßt du dich schon an."

* ist ein Schauspieler, der meint, daß Regisseure, die ihre Schauspieler nicht verstehen und nicht auf sie eingehen, den Beruf verfehlt haben. „Die Tatsache, daß jemand mit der Kamera umgehen kann, sagt noch gar nichts darüber aus, ob er auch ein guter Regisseur ist."

* beeindruckt nahezu jeden, der ihn kennenlernt mit seiner guten Laune. Die Managerin eines kleinen Hotels in Charleston/North Carolina schrieb vor einiger Zeit an die Zeitschrift People: „Luke hat fast zwei Monate in unserem Hotel gewohnt und überall auf der Anlage für gute Laune gesorgt, auch und gerade bei meinem Personal, weil er die Leute spüren ließ, daß er ihre Arbeit wahrnimmt und schätzt."

13

Jemand, der auch geben kann

Luke ist für seinen Erfolg und all die schönen Dinge, die ihm widerfahren, dankbar und nimmt sie nicht als Selbstverständlichkeit. Vielleicht rührt auch daher seine Hilfsbereitschaft.

"Ich finde es nur normal, daß man Menschen hilft, die weniger Glück hatten und Hilfe brauchen", erklärt er.

Luke hat noch nie 'nein' gesagt, wenn man ihn um die Teilnahme an einer Wohltätigkeits-veranstaltung gebeten hat oder darum, als Zugpferd bei einer Benefizveranstaltung aufzutreten, um zu Jugendlichen über Probleme wie Vergewaltigung, Drogen oder auch Umweltschutz zu sprechen.

Aber auch schon lange bevor Luke mit der Rolle des Dylan McKay bekannt wurde, unterstützte er zum Beispiel die Gesellschaft für Multiple-Sklerose-Kranke und engagierte sich im Kampf gegen Kinderdiabetes.

Außerdem hat Luke sich bereit erklärt, bei Bedarf sofort für die Organisation „Wünsch Dir was", die sich um schwerkranke Kinder kümmert, tätig zu werden. Viele dieser Kinder wünschen sich im übrigen nichts sehnlicher, als einen ihrer Lieblingsstars persönlich zu treffen. Alles das tut er freilich nicht, um seine Popularität noch weiter zu steigern; normalerweise schließt Luke bei so was die Presse ganz bewußt aus. Es sind Hilfeleistungen, die von Herzen kommen.

Wie auch die Benefizsportveranstaltungen, an denen er teilgenommen hat; zum Beispiel von der T.J. Martell-Gesellschaft, die Gelder für den Kampf gegen Krebs und AIDS sammelt. Erst vor kurzem hat ein Softballspiel die stolze Summe von 400 000 Dollar eingebracht. Luke war allerdings schon ein wenig stolz, als er zu einem vom Sender MTV gesponsorten Basketballspiel berühmter Persönlichkeiten eingeladen wurde, mit dem ebenfalls Gelder für die AIDS-Forschung gesammelt werden sollten.

Nach dem tragischen Autounfall, durch den Luke während seiner Schulzeit zwei Freunde verlor, hat er lange Zeit immer wieder vor Jugendlichen Vorträge über die Sicherheit im Straßenverkehr und die Gefahr von Drogenmißbrauch gehalten. „Wer leben will, der schnallt sich an und bleibt trocken", war Lukes Wahlspruch. „Es braucht doch nur wenige Sekunden, sich anzuschnallen. Ich vermisse meine Freunde von der Highschool, die sich diese Sekunden nicht genommen haben. Und ich möchte nicht, daß euch jemand eines Tages so vermißt." Inzwischen kann Luke bei solchen Gelegenheiten eine schönere Geschichte erzählen, nämlich die einer Mitarbeiterin von

BEVERLY HILLS, 90210, die in einen schlimmen Unfall verwickelt wurde und nur überlebte, weil sie angeschnallt war. „Die einzige Verletzung, die sie hatte, obwohl ihr Wagen nur noch ein Haufen Schrott war, war eine leichte Prellung der Brust — vom Sicherheitsgurt, der ihr das Leben gerettet hat."

Luke kümmert sich inzwischen vor allem um das Problem Umweltschutz; vielleicht, weil das Thema gerade in Kalifornien so besonders drängend ist. „Ich bin ein aktiver Sympathisant von Greenpeace. Ich glaube inzwischen, daß man aktiv werden und eingreifen *muß,* wenn man von unserer Umwelt noch etwas retten will", erklärt er.

14

Ruhm und alltägliche Fano-Manie

Luke hatte immer ein ganz besonderes Verhältnis zu seinen Fans. Egal, auf welcher Stufe der Erfolgsleiter er sich gerade befand, er wußte stets, wie wichtig sie im Leben eines Schauspielers sind und ist ihnen dafür auch heute noch sehr dankbar. Es war für ihn einfach nicht selbstverständlich, viele Fans zu haben.

Dabei weiß er nur allzu genau, was ein Fan fühlt. Er war als Kind schließlich lange genug Bewunderer seines großen Idols Paul Newman. Als Luke ihm einmal von Angesicht zu Angesicht gegenüberstand, brachte er kein Wort heraus.

Ähnlich erging es ihm bei den Dreharbeiten zum Film „Scorchers", in dem Faye Dunaway die weibliche Hauptrolle spielte. „Ich saß irgendwann mit Faye im Flugzeug, und auf einmal wurde mir klar, ‚Mann, das ist Faye Dunaway da neben dir!' Ich bin fast ohnmächtig geworden in dieser Sekunde." Und manchmal muß sich Luke auch heute noch zusammenreißen, um nicht vor den Größen des internationalen Filmgeschäfts in Ehrfucht zu erstarren.

Luke war auch immer ein begeisterter Fan von

Sportstars wie Magic Johnson. Als er eines Tages die Gelegenheit bekam, für eine der großen AIDS-Stiftungen an einem Basketballspiel mit Magic teilzunehmen, konnte Luke seine Aufregung kaum unterdrücken. Immer wieder rief er seinen Freunden zu: „Guckt her, wer hier ist. Das ist der Wahnsinn!" und befand sich für gut eine Stunde selber im Fan-Himmel.

„Es ist einfach ein riesiges Gefühl, den Menschen, die man nur von der Leinwand her kennt, plötzlich face to face gegenüberzustehen", meint Luke. „Wenn man eine Serie dreht, dann vergißt man nur allzu leicht, daß es auch Menschen gibt, die Serien anschauen." Luke hat an sich selber festgestellt, daß ihn nichts mehr anspornt, als wenn ihm jemand erzählt, wie sehr er die Serie mag. Auf der anderen Seite ist er aber auch entsprechend geknickt, wenn ihm jemand das Gegenteil sagt.

In der ersten Zeit erhielt Luke in einer normalen Woche bis zu 500 Briefe und Karten. Inzwischen ist die Fanpost auf das Dreifache gestiegen. Und obwohl die beiden Freunde in diesem Punkt weder konkurrieren noch Vergleiche anstellen, ist es dennoch aufschlußreich, daß Luke oft mehr Post bekommt als Jason Priestley.

Trotz dieser Briefeflut versucht der junge Schauspieler immer noch, einen großen Teil der Schreiben zu lesen. Er macht sich ernsthafte Gedanken über die Kids, die die Serie anschauen und fühlt sich sehr geehrt, wenn sie ihm ihre tiefsten Gefühle offenbaren. „Manche können einem wirklich das Herz zerreißen", erzählt Luke. Und er hat feststellen können, daß viele mit Problemen in ihren Familien zu kämpfen haben, die denen, die in 90210 behandelt werden, nicht unähnlich sind. Luke versucht sogar, einen Teil der Post zu beantworten oder wenigstens einige Tips zu geben.

Eine von Lukes letzten Begegnungen mit völlig ausgeflippten Horden von Fans ist in der Presse lang und breit ausgeschlachtet worden, denn viele der Kids hatten sich derart hysterisch auf ihren Star gestürzt, daß einige von ihnen dabei sogar verletzt wurden. Das hat Luke ausgesprochen nachdenklich gemacht.

Dabei hatte alles ganz harmlos begonnen. Wie die anderen Schauspieler von BEVERLY HILLS, 90210, verbrachte auch Luke zu Beginn der Serie viele Wochenenden in den verschiedensten Städten, um Werbung zu machen und mit den Zuschauern ins Gespräch zu kommen. Und zunächst verlief alles auch in ganz geregelten und gesitteten Bahnen, bis im Frühjahr 1991 die Dinge langsam außer Kontrolle gerieten.

Einen Vorläufer der allgemeinen Luke-Perry-Hysterie hatte man bereits Anfang Mai in Denver beobachten können, als die Polizei eine Gruppe von Fans nicht mehr zurückhalten konnte. Es dauerte nur wenige Sekunden, da hatten sie alles, was an Luke nicht niet- und nagelfest war, als Souvenir mitgehen lassen. Luke hatte nur noch Hemd und Hose am Leib, als er sich in Sicherheit bringen konnte. Sogar die Schuhe waren weg. Das hätte man ernster nehmen müssen.

Am nächsten Tag war ein PR-Termin in Bellevue, einem kleinen Vorort von Seattle/Washington vorgesehen. In einem Einkaufszentrum hatte man sich auf paar hundert Fans eingestellt, aber der Auftritt schien sorgfältig geplant und organisiert. Jedoch, wie sich herausstellen sollte, nicht sorgfältig genug. Zwar war die Route vom Hotel zur der kleinen Bühne mit dem Autogrammtisch geheimgehalten worden, um frühzeitige Kollisionen zu verhindern. Als dann aber statt der erwarteten paar hundert Kids plötzlich dreitausend anrückten, waren die Sicherheitskräfte hoffnungslos überfordert.

Luke versuchte, die Menge zu beruhigen, damit sie nicht die Bühne stürmte. Aber die wenigsten hörten überhaupt, was er sagte.

Fünf Jugendliche wurden verletzt, und Luke mußte durch einen Hinterausgang in Sicherheit gebracht werden. Auch das gehört zum Showgeschäft. Vielleicht ein halbes Dutzend Fans hatten ihr Autogramm bekommen.

Luke war verständlicherweise ziemlich aufgebracht. Nicht nur, weil der Auftritt sein Ziel verfehlt hatte, sondern weil wegen ihm Fans verletzt worden waren.

Aber er war auch einigermaßen überrascht.

„Man erwartet nicht unbedingt, daß einem dreitausend Menschen zujubeln, wenn man in einem
kleinen Kaff in Ohio aufgewachsen ist." Und dann
fügte er leise hinzu: „Ich muß gestehen, daß ich
mich einen Moment lang ein wenig wie Elvis
gefühlt habe."

Was Luke nicht wissen konnte, war, daß sich
das Ganze schon wenige Monate später wiederho-
len sollte, allerdings eine Nummer größer und mit
Verletzten, die sogar ins Krankenhaus eingeliefert
werden mußten.

Es geschah im August 1991 in einer Einkaufspassage in Plantation/Florida. Dieser Auftritt von
Luke war langfristig geplant worden, und er sollte
von 2 bis 5 Uhr nachmittags Autogramme geben.
Dazu sollten sich die Kids in eine Schlange einrei-
hen, um so überhaupt eine Chance zu haben, bis
zu ihrem Idol vorzudringen. Man hatte sich ein
richtiges System ausgedacht. Luke sollte hundert
bis maximal fünfhundert Autogramme geben. Also
bekamen die ersten fünfhundert Fans ein Auto-
gramm-Papier. Diejenigen, die später kamen, sollten sich mit einem Photo zufriedengeben.

Lukes Auftritt war aber nicht nur scheinbar gut
organisiert, sondern er war mindestens ebenso
gut bekanntgemacht worden. Einige Fans waren
mehrere hundert Meilen gefahren, um ihren Liebling zu sehen. Andere hatten sich bereits um sechs
Uhr morgens vor der Einkaufspassage aufgestellt.

Man hatte sich auf drei- bis fünftausend Jugendliche eingestellt und extra eine Truppe von über fünfzig Ordnungskräften engagiert. Aber damit, daß ungefähr zehntausend Luke-Fans aufmarschieren würden, damit hatte nun wirklich niemand gerechnet. Die Menschenmenge überschwemmte sämtliche Etagen der Einkaufspassage.

Luke selbst sollte im Innenhof der Passage sitzen. Doch bis dahin kam er gar nicht. Sobald er sich zeigte, drängten an die zehntausend Menschen schreiend auf die Plattform zu, auf der Luke stand. Dann brach eine regelrechte Panik aus. Die Leute rissen die Barrieren nieder und zerquetschten beinahe diejenigen, die in den ersten Reihen standen.

„Es war ein höllisches Geschrei, und man hatte das Gefühl, daß die ganze Passage zu beben begann", berichtete ein Augenzeuge in der Zeitschrift People.

Luke wurde natürlich sofort in Sicherheit gebracht. Sein Auftritt hatte nur ganze neun Sekunden gedauert.

Diesmal waren die Verletzungen nicht nur zahlreicher, sondern auch schwerwiegender. Dreizehn davon so schwer, daß die Betroffenen ins Krankenhaus gebracht werden mußten. Ein vierzehnjähriges Mädchen erlitt einen Bänderriß im Knie, ein anderes einen doppelten Beinbruch. Die gesamte Einkaufspassage mußte für mehrere Stunden geschlossen werden.

Jetzt war Luke regelrecht schockiert und aufgerüttelt. Seine Entschuldigung war ehrlich gemeint, aber ebenso hilflos. „Ich hatte ja keine Ahnung, daß so viele Leute kommen würden. Es tut mir ungeheuer leid. Ich hatte mir gewünscht, daß der Tag einen anderen Verlauf nimmt."

Allerdings fühlte sich Luke auch nicht allein verantwortlich für das, was geschehen war. „Ich möchte, daß die Leute auch wissen, daß ich an solchen Geschehnissen schuldlos bin. Ich wollte helfen, aber ich konnte ja nicht ahnen, daß alles so enden würde."

Moderat und überlegt wie er nun einmal ist, versteht Luke die Hysterie mancher Fans nicht so recht. Außerdem hatte man solche Reaktionen bis dato nur bei Rock-Größen, nie jedoch bei einem Schauspieler beobachtet. „Es geht doch nicht an, daß Menschen im Krankenhaus landen, nur wegen irgendeines Typen, der auf dem Bildschirm Faxen macht. Gut, bei den Beatles oder auch bei Tom Jones . . ., aber das war etwas anderes", kommentierte Luke damals fassungslos.

Später hat er sich dann noch einmal über den Vorfall geäußert. „Es war ein ziemlich unglückliches Zusammentreffen und ein ziemlich schwarzer Tag. Daß jemand von den Kids verletzt wird, war das Letzte, was ich bereit war in Kauf zu nehmen. Ich wollte eigentlich nur rausgehen, ‚Hi' sagen und den Fans dafür danken, daß sie der Serie die Treue halten. Ich war damals ungeheuer aufgeregt und natürlich auch geschmeichelt, weil so viele Leute gekommen waren, um mich zu sehen. Aber es darf einfach nicht passieren, daß jemand bei einer solchen Gelegenheit zu Schaden kommt, weder in meinem Fall noch bei anderen PR-Auftritten. Sonst muß man so etwas ganz anders aufziehen."

Luke war tatsächlich zutiefst betroffen und entsetzt. Auch wenn er es der Presse gegenüber nicht so deutlich erkennen ließ. Er versuchte, mit jedem der Verletzten im Krankenhaus Kontakt aufzunehmen und sich nach ihrem Befinden zu erkundigen. „Ich wollte einfach nur sichergehen, daß alles in Ordnung ist und die Kids wieder auf die Beine kommen."

„Ich hab Angst um Luke gehabt", gestand seine Mutter Ann einem Reporter. „Luke ging es wirklich schlecht nach dem Zwischenfall. Aber solche Einkaufspassagen sind auch nicht gerade der geeignete Rahmen für jemanden, der für eine ganze Mädchengeneration zum Idol geworden ist."

Zwei Veranstaltungen sagte Luke nach diesem Vorfall erst einmal ab, und Auftritte in der Art von Plantation wurden komplett storniert. Trotzdem hielt Luke dann doch einen Termin in San Francisco ein, nur eine Woche nach den Ereignissen in Florida. Und glücklicherweise verlief diesmal alles ganz ruhig.

Luke, Gabrielle und Brian waren von Macy's,

dem großen kalifornischen Edelkaufhaus, eingeladen worden, die Präsentation der neuen Jugendkollektion zu begleiten. Dabei sollten die drei Jungstars nicht als Models arbeiten, sondern von einer gut gesicherten Bühne aus mit den Fans reden und die Show moderieren.

Allerdings war diese Veranstaltung nicht so ohne weiteres für die Öffentlichkeit zugänglich. Die Fans mußten, wenn sie dabei sein wollten, Plätze im Moscone Center, wo die Show stattfinden sollte, reservieren. Zu Beginn sah es aus, als würde sich hier dennoch eine Wiederholung der Ereignisse von Florida anbahnen. Als nämlich der Auftritt der drei Stars im Radio und in den Zeitungen angekündigt wurde, meldeten sich Tausende bei Macy's. Und für drei Tage brach das gesamte Telefonnetz zusammen.

Daraufhin wurden mehr als zweihundert Ordnungskräfte aufgeboten. Und gleich zu Beginn teilte man mit, daß die drei von 90210 die Bühne gar nicht erst betreten würden, wenn die Leute nicht auf ihren Plätzen sitzen bleiben würden.

Dennoch war Luke vor dem Auftritt verständlicherweise nervös. Ein Reporter beobachtete, daß er viel zurückhaltender, ja geradezu scheu wirkte im Vergleich zu Brian und Gabrielle, die ihren Spaß zu haben schienen. Luke wanderte unruhig auf dem Laufsteg auf und ab, winkte den Fans zu, war aber eher peinlich berührt, als ein Mädchen aus dem Publikum ihm zurief: „Luke, ich liebe dich!"

Zum Glück ging alles gut. Luke und seine beiden Mitstreiter beantworteten die Fragen der Fans und bedankten sich für die Unterstützung von BEVERLY HILLS, 90210. Und Luke erklärte dem verblüfften Publikum: „Die Fano-Manie ist keine Reaktion auf einen einzelnen von uns, sondern eine Reaktion auf die Serie. Darüber sind wir alle sehr glücklich."

Indirekt bestätigt dies auch seine Mutter: „Luke liebt die Serie. Und er liebt die Arbeit an der Serie. Aber diese Dinge, die da mit den Fans geschehen sind, die stoßen ihn ab. Ich bin mir eigentlich nie so ganz sicher, ob das eine Ehre für ihn ist oder eher ein Fluch."

So sehr Luke seine Bekanntheit und seinen Ruhm auch gelegentlich genießt, so hat er doch inzwischen zur Genüge auch die Schattenseiten des Geschäfts kennengelernt. „Es ist schon ein wenig seltsam und manchmal auch fast peinlich", sagt er über seinen Status als Idol der Teens. „Ich habe nicht gewußt, was da alles auf mich zukommt. Es sollte doch eigentlich nur ein kleiner Nebenaspekt meiner Arbeit sein. Schließlich bin ich als Schauspieler engagiert worden und nicht für öffentliche Auftritte vor einer Fangemeinde."

Aber es gibt noch ein zweites Problem bei soviel Popularität. „Starruhm hat im übrigen auch noch den Nachteil, daß es bei all dem Rummel manchmal nicht ganz einfach ist, sich auf die eigentliche Aufgabe zu konzentrieren: auf die Serie. Die hat schließlich immer noch absolute Priorität. Wir sind alle stolz darauf, daß sie so gut ankommt, und wir sind unserem Publikum sehr dankbar dafür. Aber das läuft nicht von alleine."

Offen spricht Luke auch über den Verlust an Privatleben, den er jetzt immer deutlicher merkt. „Das wird im Augenblick schlimmer und schlimmer. Man hat überhaupt keine Zeit mehr für sich selbst. Und ich denke, man muß auch in dieser Hinsicht klare Grenzen ziehen. Man braucht einfach ein gewisses Maß an Privatleben. Aber es ist ein bißchen schwieriger, das zu arrangieren, wenn man ein Dasein wie in einem Glashaus führt und selber wie ein gläserner Mensch durchleuchtet wird. Jeder muß seinen eigenen Weg finden, um sich der Öffentlichkeit auch mal für eine gewisse Zeit zu entziehen."

15

Luke und die Medien

Keinen Schritt, den Luke Perry macht, läßt die Presse unkommentiert. Entsprechend gemischt sind seine Gefühle ihr gegenüber.

Dabei kam er mit Journalisten bereits lange vor seinem Engagement bei BEVERLY HILLS, 90210 in Kontakt. Als Luke eine Rolle in der Soap Opera „Loving" bekam, war die Beziehung zur schreibenden Zunft noch durchaus vertrauensvoll und herzlich.

Damals, im Jahr 1987, war Luke noch ein typischer Newcomer im Nachmittagsfernsehen. Zusammen mit einigen anderen jungen Schauspielern wurde er der Soap-Opera-Presse vorgestellt. Es folgten eine permanente Begleitung und regelmäßige Berichte.

Die Herausgeber der Zeitschriften waren sehr darum bemüht, ein freundschaftliches Verhältnis zu den Schauspielern aufzubauen. Und tatsächlich wurden eigentlich nie negative Artikel geschrieben oder Gerüchte in die Welt gesetzt. Das war genau das, was die Fans wollten — und die Schauspieler waren über ein wenig Publicity natürlich auch nicht böse.

Auch Luke war in dieser Hinsicht keine Ausnahme. Er nahm jeden Pressetermin ernst und gehörte zu den aufgeschlossensten und den eifrigsten Schauspielern, wenn es um Presse-Parties oder Wohltätigkeitsveranstaltungen ging. Immer stand er für Gespräche und Fotos zur Verfügung.

Meistens traf man sich danach noch zum Essen und verbrachte oft ganze Abende miteinander. Da konnte man dann auch mal etwas lockerer miteinander reden, ohne befürchten zu müssen, sich plötzlich mit seinen inoffiziellen Aussagen irgendwo zitiert zu sehen.

Lukes Verhältnis zur Presse war damals also von Kooperationsbereitschaft und Offenheit geprägt. Speziell die Zeitung seiner Heimatstadt hat viel über seine Fernseherfolge berichtet. Schließlich war er der Junge aus der Provinz, der es zu etwas gebracht hatte.

Später haben sich die Dinge jedoch geradezu dramatisch verändert. Je größer seine Popularität wurde, desto schlechter wurden seine Beziehungen zu den Medien. Dabei war diese Negativentwicklung eigentlich vorauszusehen.

Als BEVERLY HILLS, 90210 anlief, gab Luke der Teens-Presse unzählige Interviews. Doch bald gingen ihm die ewig gleichen Fragen der Reporter auf die Nerven. Speziell diejenigen, die sich auf seine Lebensdaten bezogen: Größe, Alter, Gewicht . . . „Diese Fragen bringen mich um, die sind einfach zu hohl", erklärte er einmal gegenüber dem 16-Magazine.

Und er wurde in diesem Gespräch sogar noch deutlicher: „Vielleicht solltet ihr mal darüber nachdenken, euer Niveau ein wenig zu steigern", schlug er den verdutzten Reportern vor. „Ich glaube, ihr unterschätzt die Intelligenz eurer Leser bei weitem. Die sind nicht so einfältig."

Aber es war nicht eigentlich die Teenager-Presse, mit der Luke sich zunehmend zerstritt. Als Star einer der bekanntesten Abendserien geriet er sehr schnell in die Fänge einer Regenbogenpresse, die sich weniger für seine Arbeit, dafür um so mehr für sein Privatleben interessierte. Alles wurde ausgegraben, was irgendwie nicht zur stromlinienförmigen Karriere eines Stars paßte, alles, was irgendwie zum Skandal gemacht werden konnte. Und das mißfiel Luke sehr schnell.

Dabei hat Luke nichts gegen Kritik, solange sich diese in seriösen Bahnen bewegt. Doch wenn die Rede auf die Blätter kommt, die ihre Nase in sein Privatleben stecken, dann explodiert er inzwischen regelmäßig.

Daß einige dieser Schmierfinken nicht einmal vor seiner Heimatstadt und seiner Familie haltmachen, empörte ihn ganz besonders; und das sicher nicht, weil es dort irgendeinen Skandal aufzudecken gäbe. Trotzdem hat Luke seine Freunde und seine Familie gebeten, mit der auswärtigen Presse möglichst nicht zu kooperieren. Und man bemüht sich in Fredericktown sehr, diesem Wunsch zu entsprechen.

Natürlich herrscht deshalb jetzt nicht die totale Funkstille zwischen Luke und der Presse. Das zeigen zum Beispiel die großen Titelgeschichten in People, Entertainment Weekly oder auch im Rolling Stone. Grundsätzlich hatte er ja auch niemals etwas gegen eine derartige Zusammenarbeit. „Es ist nun mal so, daß ich mich zwar in der Rolle des Medienlieblings nicht immer ganz wohl fühle, aber ich fühle mich natürlich auch geschmeichelt."

16

Hat Luke sich verändert?

Soviel Ruhm und Anerkennung sollte einen Menschen doch eigentlich verändern. Doch bei Luke scheint das, sieht man einmal ab von seiner gewandelten Einstellung der Presse gegenüber, nicht passiert zu sein; zumindest, wenn man den Aussagen seiner Freunde glauben darf.

Ein Anhaltspunkt dafür: Obwohl er sich inzwischen nahezu jedes extravagante Auto leisten könnte — zum Beispiel so einen Porsche wie Dylan ihn fährt —, bleibt er seinem blauen Pick-up treu, der im übrigen bisher fast seine größte Anschaffung war. Er hätte vermutlich den gleichen Wagen, wenn er noch in Fredericktown leben und dort in der Stahl- oder Baubranche arbeiten würde. Immer wieder zitiert Luke seinen Wahlspruch: „Ich schätze die Menschen mehr als irgendeine Form von Besitz."

Je bekannter und berühmter Luke wird, desto häufiger überkommt ihn das Bedürfnis, nach Hause zurückzukehren. „Ich habe mich nie geschämt, vom Lande zu stammen", meint er. „Ich glaube, es hilft mir dabei, auf dem Teppich zu bleiben."

Luke hat nie einen der Menschen vergessen, die

ihm nahestehen und gibt zu, daß er seine Familie sehr vermißt. Regelmäßig telefoniert er mit ihr, ob nun vom Drehort, aus dem Flugzeug, im Hotelzimmer oder auch vom Rücksitz einer Limousine. Er behauptet, er brauche den regelmäßigen Kontakt. Und natürlich ist niemand darüber mehr erfreut als die Familie in Fredericktown.

Lukes Mutter, die immer an ihren Sohn geglaubt hat, meint dazu: „Ich wußte eigentlich immer, daß Luke es weit bringen kann. Allerdings habe ich nicht gedacht, daß es so schnell gehen würde. Er hat so ein unwiderstehliches Charisma. Dabei hat er sich kaum verändert, auch wenn er manchmal ziemlich unter Druck steht."

Seine alten Freunde aus Ohio behandelt Luke mit dem gleichen Respekt wie früher. Obwohl er mitten in den Dreharbeiten für 90210 steckte, hatte es für ihn beispielsweise erste Priorität, zur Hochzeit seines alten Freundes Damon Henwood nach Ohio zu fliegen. Die Familie und die Freunde kommen bei Luke immer zuerst. Das war bisher so, und das wird, wenn es nach ihm geht, auch immer so bleiben.

Fast alle, die ihn kennen, bewundern Luke besonders wegen seiner Natürlichkeit. „Er ist ganz er selbst geblieben und hat nicht, wie so viele andere, irgendwann abgehoben", so eine Meinung aus dem Produktionsteam.

Und ein Freund aus alten Schulzeiten ergänzt: „Luke ist einer der liebenswertesten Menschen, die ich kenne. Ihm ist der Ruhm nicht zu Kopf gestiegen."

Ähnlich klingt die Einschätzung von Gabrielle Carteris: „Luke nimmt sich selbst als Jungen aus Ohio — und irgendwie ist er das auch geblieben. Er ist einer der süßesten, nettesten und charmantesten Menschen überhaupt. Aber er ist bei alledem sehr verletzlich."

Auch Jennie Garth, die wie Luke aus einer eher ländlichen Umgebung stammt, hebt hervor, daß „er immer noch ein Farmboy geblieben ist. Er hat sich in dieser Beziehung nicht verändert."

Ian Ziering kennt Luke schon aus den gemeinsamen Soap-Opera-Zeiten in New York. Ihm zufolge hat Luke insbesondere seinen Humor und, vielleicht noch wichtiger, seine Aufgeschlossenheit und Dankbarkeit für die schönen Seiten des Lebens bewahrt. „Manchmal sitzen wir einfach nur da und lassen Revue passieren, was sich alles so getan hat seit den alten Tagen", erzählt Ian.

Und Tori Spelling schließlich zeigt sich besonders angetan von Lukes Herzlichkeit. „Luke ist ein sehr gefühlsbetonter Mensch. Wenn er morgens zum Dreh kommt, dann gibt's immer erst mal Küsse und Umarmungen. Das hat sich auch in den letzten Jahren nicht geändert."

Luke hat die Gabe, in seinen Mitmenschen den Geist der Loyalität zu wecken. Das liegt wohl nicht zuletzt auch an der eigenen Treue und Solidarität seinen Freunden gegenüber. Und selbst wenn Luke eines Tages ein Regal voller Filmpreise und Academy-Awards haben sollte — das wird sich nicht ändern!

17

Die Gerüchteküche

Es ist fast wie ein Gesetz. Mit dem Starruhm kommen unvermeidlich auch Klatschgeschichten in Umlauf. Nicht nur von seiten der Presse, sondern auch in den Gängen der Highschools, auf Hollywood-Partys oder wo auch immer sie entstehen. Hier nun ein paar der neuesten Gerüchte um Luke Perry — und einiges über Wahrheit und Unwahrheit.

Gerücht Nummer eins: Luke verläßt BEVERLY HILLS, 90210.

Die Wahrheit sieht ein wenig anders aus. Luke amüsiert sich immer köstlich, wenn er diese Behauptung hört. „Natürlich stimmt das nicht. Es wird nur irgendwann den Tag geben, an dem die Serie endet, und dann werden wir alle wieder auf die Suche nach neuen Jobs und neuen Rollen gehen müssen. Dieser Augenblick gehört nun wahrlich nicht zu denen, auf die ich so sehnlich warte."

Gerücht Nummer zwei: Luke hat ein Verhältnis mit einer der Frauen aus der Besetzung.

Lukes Antwort hierzu ist ein klares Nein. „Ich pflege Beruf und Privatleben sauber auseinanderzuhalten!" Darüber wird später noch einiges zu sagen sein.

Gerücht Nummer drei: Man hat ihm befohlen, niemals sein wirkliches Alter preiszugeben.

Es ist sehr zweifelhaft, daß jemand im Produktionsteam diese Order ausgegeben hat. Allerdings ist es durchaus wahrscheinlich, daß die Frage irgendwann einmal diskutiert worden ist. Denn schließlich sind, abgesehen von Tori Spelling und Brian Green — beide gerade achtzehn Jahre —, die Schauspieler doch deutlich älter als die Charaktere, die sie darstellen. Und da die Produzenten und die Schauspieler ein Interesse daran haben, ein wenig den Schein zu wahren, ist es sehr gut möglich, daß man sich darauf geeinigt hat, dem Publikum das Alter der Besetzung nicht unbedingt auf die Nase zu binden.

Allerdings hat Luke auch seine eigenen Gründe, der Presse sein Alter nicht ungefragt zu offenbaren. „Ich spiele zur Zeit einen Siebzehnjährigen, aber ich werde mich in meinem Leben noch für viele Rollen bewerben müssen. Ich will mich einfach nicht festlegen lassen. Und wenn ich nicht darüber rede, wird es möglicherweise nicht zum Thema. So einfach ist das." Dabei ist Luke natürlich klar, daß es sehr schwierig gewesen wäre, einen siebzehn- oder achtzehnjährigen Schauspieler für die Rolle zu engagieren. „Es ist nicht ganz leicht, eine Person zu spielen, bei der die Figur das gleiche Alter hat wie man selbst. Und besonders schwierig ist das bei Jugendlichen." Daß auch noch Arbeits- und Jugendschutzgesetze etc. im Wege stehen, wenn es darum geht, Rollen mit Jugendlichen zu besetzen, ist eine ganz andere Sache.

Luke hat die Frage nach seinem Alter schon so oft gehört, daß er sie inzwischen mit der immer gleichen Floskel beantwortet: „Ich könnte Ihnen mein Alter verraten, aber dann müßte ich sie hinterher umbringen!"

Gerücht Nummer vier: Luke raucht.

Dieses Gerücht trifft als eines der wenigen zu. Aber es ist nicht gerade ein Laster, auf das Luke besonders stolz ist, zumal er zum Idol so vieler Jugendlicher geworden ist. Daß sein Einfluß junge Menschen dazu anregen könnte, mit dem Rauchen anzufangen, ist Luke alles andere als recht. Tatsache ist, daß nicht nur Luke und Jason, sondern auch Tori und sogar Shannen, die sich gelegentlich als militante Nichtraucherin präsentiert hat, rauchen.

Gerücht Nummer fünf: Luke ist ein Witzbold.

Auch das ist wahr. Luke hat einen großen Sinn für Humor und schreckt auch vor ganz handfesten Jokes nicht zurück (schließlich muß er mit dem Kalauer-Profi Jason sowie dem Fachmann für schärfere Varianten, Ian Ziering, konkurrieren). Einen dieser netten Jokes, die bekannt geworden sind, leistete sich Luke während einer Live-Sendung im frühen Vormittagsprogramm eines Ostküsten-Senders. Da hatte er auf einmal die glorreiche Idee, zwei Kollegen in Kalifornien anzurufen, wo es aufgrund der Zeitverschiebung noch beinahe mitten in der Nacht war. Als bei den beiden dann das Telefon klingelte, erklärte Luke ihnen fröhlich, daß sie das Glück hätten, bei einer Live-Sendung dabei zu sein. Am Ende haben ihm die so ausgesprochen unsanft geweckten Freunde wohl hoffentlich verziehen.

Gerücht Nummer sechs: Luke versucht, sich das Image des begeisterten Sportlers zuzulegen. Da ist durchaus etwas dran. Wie ein Reporter berichtete, hat Luke anläßlich eines Basketballspiels mit anderen Berühmtheiten die Frage „Wie sieht die Strategie für das Spiel aus?" folgendermaßen beantwortet: „Ganz einfach, den Ball in den Korb werfen!" Allerdings soll Luke diesen Tip anschließend nicht sonderlich brillant in die Tat umgesetzt haben . . . Ob so etwas eine sportliche Haltung anzeigt, muß jeder selbst entscheiden.

18

Kleine Geheimnisse

Vielleicht würde Luke diese Dinge lieber unter Verschluß halten . . .

Da in der ursprünglichen Fassung von BEVERLY HILLS, 90210 ein Dylan McKay noch gar nicht vorgesehen war, drehte sich die erste Pressekampagne vor allem um Jason Priestley, Shannen Doherty, James Eckhouse und Carol Potter. Die zweite männliche Hauptrolle war an Ian Ziering gegangen, die dritte an Brian Green. Die gesamte erste Publicity-Welle lief also völlig ohne Luke Perry ab.

Als Aaron Spelling dann schließlich beschloß, daß man eine weitere männliche Figur brauchte, setzte er sich gegen die Verantwortlichen beim Sender durch. Diese waren nämlich gar nicht so überzeugt von Luke Perry. „Die Jungs bei Fox waren nicht begeistert von Aarons Entscheidung für mich", erinnert sich Luke. „Aber Mr. Spelling ließ sich nicht davon abbringen. Er wollte mich für den Part. Er hat sich auf eine Weise für mich eingesetzt wie nie jemand zuvor." Luke macht immer wieder deutlich, wie sehr er sich Aaron Spelling verpflichtet fühlt und wie dankbar er ihm für diese Chance ist.

Die Episoden, die Luke persönlich am besten gefallen, sind die, in denen die Schattenseiten von Dylan McKays Charakter deutlich werden. Es macht ihm sichtlich Spaß, einen komplexeren Charakter zu spielen und Dinge darzustellen, „die man normalerweise im Fernsehen kaum zu sehen bekommt. Denn gerade das amerikanische Fernsehen tendiert dazu, nur das Hübsche und Adrette, das Gesellschaftsfähige zu zeigen. Bei einem Charakter wie Dylan passieren eben auch bösartige, häßliche Dinge. Da tun sich gelegentlich sogar seelische Abgründe auf. Ich mag es, gerade auch diese Geschichten zu spielen."

Was Luke allerdings haßt, ist Make-up. „Das ist das Schrecklichste. Die von der Maske kommen dauernd angelaufen, pudern einen mehrmals am Tag ab und erneuern das Make-up. Verstehen Sie mich nicht falsch, ich mag die Mädchen, die für diese Arbeit zuständig sind, ich hasse nur die Sache selbst. Ich versuche immer, mit so wenig Make-up wie möglich auszukommen."

Luke wirkt sehr dünn, ist aber eher zäh und hager. Und auch recht muskulös, auch wenn man ihm das nicht sofort ansieht. Luke meint: „Das kommt vom vielen Heu auf- und abladen in Ohio ..."

Gelegentlich kaut Luke an seinen Fingernägeln ...

Luke ist nicht besonders groß, eher ein bißchen kleiner als die 1,80, die in seinem offiziellen Steckbrief stehen.

Er wird leicht rot, wenn er verlegen ist.

Und er ist Linkshänder.

Bekanntlich war Luke ausgesprochen verärgert, weil er nicht gemeinsam mit Jason, Ian, Shannen, Gabrielle und Jennie nach England eingeladen worden war. BEVERLY HILLS, 90210 hatte dort den sogenannten SOS-Award gewonnen, das Gegenstück zum amerikanischen People's-Choice-Award — eine Auszeichnung für die beste Fernsehserie des Jahres. Der Preis wurde von Prinz Edward im Rahmen einer Gala-Veranstaltung überreicht. Es folgten ein paar Tage mit Sightseeing, Fototerminen usw. Keiner weiß bis heute, wer die Entscheidung getroffen hat, auf jeden Fall war Luke nicht dabei. Und er gibt zu, daß er deshalb eine ganze Weile ernsthaft verstimmt war. Allerdings wurden er sowie Tori, Brian, Carol und James dort schmerzlich vermißt. Wie Gabrielle erzählt hat, haben sich danach die fünf Englandreisenden geschworen, nie wieder nur mit einem Teil der Besetzung einen Preis entgegenzunehmen.

Gewissermaßen als Entschädigung wurde Luke nicht nur zur Emmy-Verleihung '91 eingeladen, sondern sogar gebeten, zusammen mit Jason und Shannen die Preise zu überreichen. Er war fürchterlich aufgeregt und hatte fast einen Blackout, wie er hinterher erzählt hat.

Nach wie vor hat Luke das Gefühl, daß einige

seiner Mitspieler die fähigeren und besseren Filmschauspieler sind. „Unsere Serie wird nun mal
gedreht — es ist, als ob man jede Woche einen
einstündigen Film dreht", so Luke. „Und der Film
ist eigentlich das Medium, mit dem ich bislang am
wenigsten Erfahrung habe."

Eigentlich diskutiert Luke nur ungern über die
ziemlich umstrittene Episode von 90210, in der
Brenda ihre Unschuld verliert. Aber offenkundig
gehörte Luke zu einem der Verfechter dieser
Geschichte. Es gab wegen ihr eine Menge Ärger,
bis hin zur Boykottandrohung durch verschiedene
Sponsoren und Werbeträger. Es war eigentlich
noch eine weitere Folge geplant, in der zwei der
Hauptfiguren miteinander schlafen — angeblich
wurde diese Folge auch gedreht, jedoch nie
gesendet. Der Druck von seiten der Öffentlichkeit
und vor allem eben von den Werbefirmen war zu
groß geworden.

Obwohl sie es immer wieder dementiert haben,
so ist aus gewissen Quellen doch zu vernehmen,
daß zwischen Luke und Tori mehr ist als nur eine
ganz normale Freundschaft. Wie ein Beobachter
festgestellt hat, „verbringt Luke ungewöhnlich viel
Zeit in der ‚Villa‘, wie der Palast der Spellings
gemeinhin genannt wird". Aber Luke ist nicht der
Typ, der Geheimniskrämerei liebt. Wenn die beiden wirklich mehr verbindet, würde Luke es sehr
schnell die ganze Welt wissen lassen.

Obwohl Luke Star in einer der beliebtesten

Abendserien ist, spielt er doch auch manchmal mit dem Gedanken, wieder ins Nachmittagsfernsehen zurückzukehren. „Es war einfach aufregend, nicht zuletzt, weil alles unter einem so extremen Zeitdruck ablief."

Zwar hat Luke nie behauptet, ein Weltklasseathlet zu sein, aber trotzdem war ihm eines der Wohltätigkeits-Basketballspiele mehr als peinlich. Wie Augenzeugen berichteten, „gab Luke sich alle Mühe und war voller Spielfreude, aber er wurde sogar von den kräftigeren Mitspielern seiner eigenen Mannschaft völlig kaltgestellt". Selbst die beiden Musiker Marky Mark und Billy Wirth sowie der kleine Jaleel White, die Nervensäge aus „Family Matters", waren weit besser als Luke, der einfach nicht mithalten konnte.

Er hat anschließend noch am Dreipunktewettbewerb mitgemacht, bei dem die Werfer unbedrängt aus einer größeren Distanz den Ball im Korb unterbringen müssen. Luke landete auf dem letzten Platz. Als er dann auch noch bei dem abschließenden Slam-Dunk-Wettbewerb zweimal den Korb verfehlte und endgültig zur lächerlichen Figur wurde, war seine Laune so gründlich verdorben wie selten. Zu allem Überfluß kamen dann auch noch Brian Green und Soleil Moon Freye vorbei, um ihn ein bißchen aufzuziehen und zu ärgern.

Er hat es nie öffentlich klargestellt, aber vermutlich ist Luke ein Abkürzung von Luther, so daß sein voller Name wahrscheinlich Coy Luther Perry Junior lautet.

Natürlich hat der junge Schauspieler nicht nur seine Geheimnisse, sondern auch geheime Wünsche. Zum Beispiel würde er für sein Leben gern Klavier spielen können. Manchmal wünscht er sich sogar, ein ganz normaler Feuerwehrmann zu sein, der seine Erfolge und seine praktische Bedeutung immer unmittelbar vor Augen hat. Als Schauspieler bekommt man den Erfolg seiner Arbeit häufig erst Wochen, ja manchmal erst Jahre später zu spüren. Und gelegentlich wäre er lieber eine intellektuellere Persönlichkeit, so wie Dylan McKay.

19

Die Zukunft

Luke hat eine Menge Träume, nicht nur für seine Zukunft als Schauspieler, sondern ganz allgemein für sein Leben.

Das Ziel in bezug auf seine Karriere ist ganz einfach: „Als Schauspieler immer besser werden und hart arbeiten." Nachdem er in dem Geschäft über Jahre sein Lehrgeld bezahlt hat, weiß Luke genau, daß man in dieser Branche immer auf dem Schleudersitz hockt. Man kann ein Jahr lang ganz oben auf der Popularitätsskala stehen, und schon ein Jahr später ist man schon wieder völlig vergessen – „Luke . . ., wie war noch der Name?"

Luke will sich nie mehr unter Wert auf dem Medienmarkt verkaufen müssen. „Dazu habe ich zu hart und zu lange gearbeitet, um dahin zu gelangen, wo ich jetzt bin", erklärt er selbstbewußt.

Das ist auch der Grund dafür, warum er sich gar nicht so sehr für den kurzfristigen Ruhm eines Fernsehstars interessiert. Er weiß, daß es langfristig viel wichtiger ist, seine schauspielerischen Fähigkeiten zu perfektionieren, anstatt sich auf seinen Lorbeeren auszuruhen.

Tagtäglich erhält er stapelweise Drehbücher. Und er hat sich in der Tat entschlossen, die Drehpause bei BEVERLY HILLS, 90210 zu nutzen, um in einem Film mitzuspielen. Seinen Freunden in Fredericktown hat er schon erzählt, daß er sich für zwei Projekte entschieden habe.

Während Luke sich in seiner Jugend, die er auf dem Lande in der Isolation einer kleinen Stadt verbracht hat, nichts sehnlicher wünschte, als von dort weg und in die Großstadt zu kommen, träumt er nun, nachdem er in den beiden größten Städten der Vereinigten Staaten gelebt hat, auf einmal von einem stillen und ruhigen Plätzchen in einer ländlichen Gegend. Zum Beispiel in Montana, auf einer Ranch mit ein paar Pferden. In dieser Zurückgezogenheit würde er dann Drehbücher lesen, die Autoren empfangen und Projekte planen.

Natürlich gehört zu diesem Traum auch die Traumfrau und eines Tages vielleicht auch ein paar Kinder. Schließlich ist Luke in einem stabilen und behüteten Elternhaus aufgewachsen, und es bestehen keinerlei Zweifel, daß er sich selbst ein solches Heim schaffen möchte.

Übrigens denkt Luke nicht nur über seine persönliche Zukunft nach, sondern auch über das Schicksal unseres Planeten. „Ich hab nicht den Eindruck, daß die Zukunft der Menschheit besonders rosig aussieht", hat Luke einmal geäußert. Für diese Zukunft, so meint er, müsse jeder einzelne Verantwortung übernehmen. „Ich glaube wirklich, daß meine Generation die Aufgabe hat, dafür zu sorgen, daß sich einige Dinge ändern, damit die Erde auch noch in hundert Jahren ein Planet ist, auf dem es sich zu leben lohnt."

20

Neueste Entwicklungen

Obwohl Lukes Lebensstil und Lebensweise sich in den letzten Jahren wirklich total verändert haben, hat er Blick und Sinn für die Realität nicht verloren. Er ist immer noch der liebenswerte und aufmerksame Typ, der er zuvor war. Er ist berühmter und bekannter denn je, schauspielerisch besser und schließlich wohlhabender, als er es sich jemals hätte träumen lassen. Daß er dabei auf dem Teppich geblieben ist, ist um so bewundernswerter.

Entwicklungen und Veränderungen hat es bekanntlich auch bei seiner Rolle bei 90210 gegeben. Dylan McKay begann als ein recht eindimensionaler Charakter, der reiche Rebell eben, schon fast zu cool und welterfahren für einen Schoolboy. Ein junger Mann, der alles hat, außer liebevollen und fürsorglichen Eltern. Im Verlauf der Serie aber wird dieser Ausgangspunkt auf den Kopf gestellt. Die Maske der Unnahbarkeit ist gefallen, und die Zuschauer haben Dylan als ein sehr menschliches Wesen kennengelernt.

Dylan hatte schließlich auch einiges durchzustehen: die Gefängnisstrafe seines Vaters; der Bruch mit Brenda und die neue Beziehung zu Kelly; die mutige Entscheidung bezüglich seiner

Erbschaft. Dann mußte er sich dem Vorwurf stellen, im Examen betrogen zu haben, und am allerschlimmsten schließlich — der plötzliche Tod seines Vaters, nachdem es ihm und Dylan endlich gelungen war, eine normale Beziehung zueinander zu entwickeln. Diese melodramatischen Elemente haben die Einschaltquoten bei der Serie in astronomische Höhen steigen lassen. Aber sie haben auch mehr und mehr Ansprüche an Lukes schauspielerische Fähigkeiten gestellt. Damit konnte er endlich unter Beweis stellen, was für ein guter Schauspieler er ist.

Seine Popularität und seine Fortschritte haben ihm lukrative Angebote von Produzenten und Agenten eingebracht. Fast täglich bekommt Luke neue Drehbücher zugeschickt. Er hat Preise und jede Menge Anerkennung geerntet. Mit anderen Worten, Luke hat es geschafft, vom Teenager-Idol zu einem potentiellen Star des A-Movie-Niveaus aufzusteigen. Es scheint, als seien einige Leute bereit, tonnenweise Geld für Projekte mit ihm auszugeben. Es war eine echte Aufgabe für Luke zu entscheiden, was er machen sollte und was nicht. Schließlich hat er sich für einen Film entschieden, den er wegen des Inhalts interessant fand.

Filme zu machen, war schon immer Lukes großes Ziel. Vor seiner Karriere bei 90210 hatte Luke Rollen in ein paar unbedeutenden Sreifen gespielt, die nie ein größeres Publikum erreichten. 1992 war Luke dann bereit, auch einmal in einem Hollywood-Durchschnittsfilm mitzuspielen. Seine Entscheidung überraschte nicht wenige Insider. Denn Luke scheute davor zurück, eine richtige, große Hauptrolle zu übernehmen und erklärte dazu: „Ich wollte kein großes Aufsehen erregen. Mein Ziel war, mein Debüt beim Film zu geben und erste Erfahrungen mit dem Medium zu machen. Außerdem ist es ein lustiger Film, und ich wollte gern mal was Spaßiges machen." Er heißt „Buffy The Vampire Slayer" (etwa: „Buffy, die Vampirjägerin") und handelt von einem typischen kalifornischen Mädchen, das eines Tages bemerkt, daß es Vampire erkennen und vernichten kann. Die Hauptrolle spielte Kristy Swanson. Rutger Hauer und Donald Sutherland sind zwei der Vampire. Und Luke ist Buffys Freund — nur eine kleine Rolle. Luke machte sich über sie selbst ein bißchen lustig: er sei so eine Art „Depp in der Klemme" gewesen. In der Tat wird der Highschoolabsolvent Pike, den Luke spielte, am Ende von seiner Freundin Buffy aus den Fängen der Vampire gerettet.

Es stellte sich heraus, daß Lukes Strategie ziemlich clever war. Denn „Buffy The Vampire Slayer" wurde ein Flop an den Kinokassen. Aber da der Film nicht auf Lukes Schultern ruhte, konnte ihn niemand für die Pleite verantwortlich machen, und es gab keinen Knick in seiner Karriere. Weiterhin bekam Luke Angebote über Angebote für Hauptrollen. Aber auch weiterhin entschied er sich für

Projekte, zu denen er schlicht Lust hatte. Geld und Ruhm waren ihm nicht so wichtig.

Das gilt auch für seinen nächsten Film. Er heißt „Eight Seconds. The Lane Frost Story". Und diesmal spielte Luke wirklich die Hauptrolle. Der Film erzählt das Leben eines berühmten Rodeoreiters. Und man konnte davon ausgehen, daß er kräftig auf die Tränendrüsen der Zuschauer drücken würde, denn Lane Frost starb bereits im Alter von 25, durchbohrt von den Hörnern eines Stiers. Jetzt wunderten sich die Leute in Hollywood darüber, daß Luke sich einen Film ausgesucht hatte, an dessen Ende er stirbt. Man glaubte, daß seine Fans nicht begeistert darauf reagieren würden, ihr Idol sterben zu sehen. Luke war das egal. Er hatte immer schon Interesse daran gehabt, eine Lebensgeschichte zu spielen. Und so merkwürdig das auch klingen mag, er entdeckte durchaus einige Parallelen zwischen seinem eigenen Leben und dem von Lane Frost. „Lane Frost war jemand, der innerhalb weniger Jahre berühmt geworden ist wegen einer Sache, die ihm Spaß machte. Dabei wollte er nur sein Bestes geben. Der Ruhm kam, und er war darauf gar nicht richtig vorbereitet." Damit, so signalisiert Luke selbst, sind die Parallelen aber auch schon erschöpft. Es gibt sogar einen grundsätzlichen Unterschied zwischen Luke und Lane Frost. „Lane mußte am Ende sterben, weil er dem Ruhm nicht gewachsen war. Er verlor seine Konzentration und zahlte den Preis dafür. Ich bin sehr vorsichtig, was die Auswirkungen des Ruhms angeht." Dennoch, selbst die wenigen Ähnlichkeiten jagten ihm ein bißchen Angst ein.

Obwohl er zu einem der 25 interessantesten Menschen des Jahres gewählt wurde (People Magazine) und außerdem zu einem der 10 erotischsten jungen Männern (US Magazine), steigen ihm alle diese Ehrungen nicht zu Kopf. Statt dessen macht ihm seine Popularität Spaß. Luke nimmt Einladungen zu „TV's Saturday Night Live", einer der heißesten Fernsehshows, an, hat seinen Handabdruck in Ton im „Planet" in Hollywood hinterlassen und fühlt sich geehrt, Auszeichnungen zu übergeben, wie zum Beispiel die MTV-Awards oder Peoples Choice Awards.

In den Printmedien hat er Werbung gemacht, und zwar für eine Boutiquen-Kette mit dem Namen „The Gap", bei der sogar eine Kollektion nach Luke Perry benannt ist. Sein Auftritt in der Fernsehshow „Jeopardy" hat ihm mächtig Respekt eingebracht. Denn Luke bewies dort, daß er nicht nur gut aussieht und ein guter Schauspieler ist, sondern auch ein breites Wissen besitzt. Er war in der Lage, mehr Fragen zur Bibel, zum Bundesstaat Georgia oder zu Naturgasen zu beantworten als jeder andere Kandidat.

Aber am liebsten nutzt Luke seine Berühmtheit für soziale Hilfsprogramme und Wohltätigkeitsveranstaltungen. Kaum jemand hat sich so sehr wie er bei Kampagnen zur AIDS-Bekämpfung engagiert oder beim Wiederaufbau nach den Rodney-King-Unruhen in Los Angeles.

Das heißt nicht, daß er sich nicht auch einmal etwas leistet. Luke ist nämlich seit kurzem glücklicher Besitzer eines richtigen Farmhauses in Tarzana, einem Vorort von Los Angeles. Der Junge, der zwischen Feldern und Farmen aufgewachsen ist, fährt nun selber mit einem Traktor durch die Gegend und erledigt viel Arbeit auf den Feldern und am Haus. Einige Pferde tummeln sich auf seinen Weiden, und sogar Jerry Lee hat Gesellschaft bekommen: zwei weitere Hängebauchschweine.

Apropos Gesellschaft. Auch Luke ist nicht alleine auf der kleinen Farm. Er lebt dort mit seiner jetzigen Freundin, der früheren Geschäftsinhaberin Minnie Rachel Sharp, die nichts mit dem Showgeschäft zu tun hat. Luke meint, sie sei die zweite große Liebe seines Lebens — und vielleicht die, die eines Tages Mrs. Coy Luther Perry werden könnte.

Natürlich benutzt Luke seinen Reichtum auch, um den Menschen, die er liebt, zu helfen. Er ist ausgesprochen großzügig seinem Bruder Tom und seinen Schwestern Emily und Amy gegenüber. Und erst kürzlich hat er seinen Eltern ein großes, neues Haus in Fredericktown geschenkt.

Und seine eigene weitere Zukunft? Luke hatte sich immer als Schauspieler durchsetzen wollen. Seine Hoffnung ist jetzt, daß er, wenn der momentane Rummel erst einmal vorbei ist, in Hollywood als wirklich *guter* Schauspieler akzeptiert wird. Und dann die richtig großen Charakterrollen des Kinos spielen!

Man hat Luke schon oft genug nahegelegt, bei 90210 aufzuhören, um sogenannte „starmaking roles" anzunehmen. Aber so sehr er sich auch auf ein Leben außerhalb des Zip Codes (der Postleitzahl), der ihn berühmt gemacht hat, freut: niemals würde er aus dem laufenden Vertrag aussteigen und BEVERLY HILLS vor der Zeit verlassen. Er hat sich für zwei weitere Serienstaffeln verpflichtet, und er wird diese Verpflichtung einhalten. Auch das sagt etwas über Luke Perry aus. Er ist jemand, der zu seinem Wort steht — wie groß andere Versuchungen auch sein mögen. Das hat er schon als Junge in der kleinen Stadt in Ohio gelernt und niemals vergessen. „Ich weiß, wer ich bin, und ich weiß, woher ich komme!"

21

Steckbrief

Bürgerlicher Name: Luke Perry
Spitznamen: „Ich habe eigentlich keinen", sagt er. „Jeder nennt mich irgendwie anders. Meine Freunde in New York haben alle möglichen Namen für mich parat, und auch Jason Priestley kommt täglich mit einem neuen Spitznamen daher."
Geburtstag: 11. Oktober 1966
Sternzeichen: Waage
Größe: 1,78 m
Gewicht: 65 kg
Haarfarbe: Mittelbraun
Augenfarbe: Dunkelbraun
Besondere Kennzeichen: Horizontale Narbe über der rechten Augenbraue
Geburtsort: Mansfield/Ohio
Aufgewachsen in: Fredericktown/Ohio. Luke beschreibt den Ort als die „Stadt mit den zwei Ampeln".
Mutter: Ann Bennett
Vater: Coy Luther Perry Senior
Stiefvater: Steve Bennett
Geschwister: Tom, jetzt 28 Jahre alt, Amy 23 und Emily 17

Als Kind war Luke: Voller Energie, ein richtiger kleiner Wirbelwind.

Erstes und wichtigstes Ziel: Schauspieler zu werden

Schulabschluß: Highschoolabschluß an der Fredericktown Highschool 1984.

Derzeitiger Wohnort: Tarzana, ein Vorort von L.A.

Haustiere: Drei vietnamesische Hängebauchschweine

Fahrzeuge: Blauer Pick-up und ein Motorrad

Musikinstrumente: Leider beherrscht Luke kein Instrument, würde aber allzu gerne Klavierspielen können.

Lukes Favoriten:

Schauspieler: Paul Newman, Marlon Brando, Kurt Russel, Kevin Costner, James Woods, Ed Harris, Tommy Lee Jones

Schauspielerinnen: Annie Potts, Meryl Streep, Ellen Barkin, Pamela Reed

Musik: „Ich liebe vor allem Klaviermusik."

Rockmusiker: Jerry Lee Lewis, Billy Joel, Elton John

Sänger: Harry Connick

Bluesmusiker: B. B. King

Klassischer Musiker: Luciano Pavarotti

Filme: „Ich kann nicht von dem Lieblingsfilm reden. Es gibt da eine ganze Liste, die schließt

‚Cool Hand Luke', ‚The Pope of Greenwich Village',
‚The Abyss', ‚Lawrence of Arabia', ‚Great Balls of
Fire' und auch ‚Terminator 2' ein."

Fernsehshows: „Jeopardy!", „Eine schrecklich
nette Familie" und Sportereignisse wie Boxen und
Basketball

Bücher: „Everything I Need to Know I Learned in
Kindergarten" — von diesem Buch sagt Luke, daß
es genau die Philosophie vertritt, die auf ihn selbst
wie zugeschnitten ist. Aber Luke mag auch Biogra-
phien und Autobiographien. Gerade kürzlich hat er
voller Begeisterung die Biographie von Auguste
Rodin gelesen.

Zeitschriften: Hollywood Reporter und Variety

Essen: Luke ist ein echter Fan von Hausmanns-
kost. Er liebt, je nach Laune, „Honey Chicken
Dijonaise", gute Steaks, überbackenen Broccoli,
Lasagne, Pizza und vor allem natürlich „Mutters
Küche".

Dinge, die Luke überhaupt nicht mag: Frozen Jog-
hurt. „Mir gefällt der Gedanke, gefrorene Pilzkultu-
ren zu löffeln, überhaupt nicht!"

Getränke: In der Hauptsache Mineralwasser

Lieblingseis: Pistazie

Bevorzugte Sportarten: Bungee-Jumping, Fall-
schirmspringen, Basketball, Baseball, Motocross,
Fechten, Turnen und Stock-Car-Rennen

Lieblingsteam: Cleveland Indians

Lieblingsorte: New York City fürs soziale Leben,
Clearfork Lake/Ohio für die Einsamkeit

Outfit: „Ich bevorzuge die gleichen Klamotten, die ich auch früher in Ohio getragen habe", gesteht Luke. Das heißt, er trägt Jeans, Flanellhemden, T-Shirts, Lederjacke und Cowboystiefel. Allerdings ist er in der letzten Zeit durchaus etwas mutiger und ausgefallener geworden. Vor kurzem erschien er bei einer Wohltätigkeitsveranstaltung in einem BEVERLY HILLS, 90210-Blouson und Shorts in den Farben der amerikanischen Fahne.

Schmuck: Ein kleiner, goldener Ohrring im linken Ohr, der neuerdings manchmal durch einen größeren ersetzt wird

Spaß und Erholung: Dazu geht Luke Mountain-Biking, Skeet-Schießen oder er bastelt an seinem Haus herum. Manchmal ist er auch Hausmann und kocht.

Die meiste Zeit abseits der Kameras verbringt Luke: mit Schlafen.

Familienstand: Ledig, jedoch zur Zeit zum zweiten Mal wirklich verliebt

Mädchen, die er mag: Sind aktiv, selbstbewußt und abenteuerlustig; unkompliziert, lebensfroh und spontan. Und sie müssen viel Sinn für Humor haben.

Seine Vorstellung von einem gelungenen Date: Ins Kino gehen, dann vielleicht zum Dinner. *Oder:* Hinausfahren in die Wüste, wo der Himmel klar ist und die Nacht kühl. *Oder:* In ein Konzert oder ins Theater gehen.

Clubs und Discos? Luke ist kein Discofuzzy. Er

tanzt gerne, mag aber die Club- und Discoszene nicht.

Und die Schauspielerei? „Ich glaube, wenn jemand wirklich mit Leib und Seele Schauspieler werden will, dann schafft er das auch. Aber man kann sich nur schwer vorstellen, wie sehr man es wollen muß. Es muß eine regelrechte Obsession sein. Und dabei kann einem niemand helfen, das muß man schon alleine schaffen."

Ratschläge für den Schauspielernachwuchs: „Seht zu, daß ihr eine gründliche schauspielerische Ausbildung bekommt, und zwar nach der alten, klassischen Theaterschule. Das ist eine notwendige Basis. Es herrscht eine solche Konkurrenz in diesem Geschäft, daß man vor allem auch technisch gut sein muß, um seinen Weg zu machen."

Adresse:
Luke Perry, c/o BEVERLY HILLS, 90210,
Fox-TV
10201 Pico Blvd.,
Los Angeles, CA 90035.
U.S.A.

Grace Catalano

JASON PRIESTLEY
Star aus „Beverly Hills, 90210"

Unautorisierte Biographie

In *Beverly Hills, 90210,* spielt Jason Priestley den unschuldigen, aufrichtigen Brandon Walsh. So lieben und kennen ihn seine Fans. Aber wer steckt wirklich hinter dem Image des „netten Jungen von nebenan"?

Durch seine Mutter, eine Schauspielerin, kam der junge Kanadier schon früh mit dem Show-Business in Berührung. Dennoch sollte sich sein Leben von Grund auf ändern, als die Idee zu *Beverly Hills, 90210* geboren wurde: Die Rolle des Brandon machte ihn über Nacht zum Superstar!

Was aber macht Jason Priestley nach Drehschluß? Was ist das Geheimnis seines Erfolgs? Was denkt er über die Liebe?

Grace Catalanos reich illustrierte Biographie über den jungen Megastar gibt auch auf diese Fragen Antwort!

vgs verlagsgesellschaft Köln